中华帝国的轮廓

从秦汉时期到戊戌维新

吕澎 著

广西师范大学出版社
·桂林·

作者简介

吕澎，艺术史学家，四川美术学院特聘（教授）专家。

1956 年出生于四川重庆。1977—1982 年在四川师范学院政治教育系读书；1982—1985 年任《戏剧与电影》杂志社编辑；1986—1991 年任四川戏剧家协会副秘书长；1990—1993 年任《艺术·市场》杂志执行主编；1992 年主持"广州双年展"；2004 年，中国美术学院博士研究生毕业，获博士学位。

主要著作有《欧洲现代绘画美学》、《现代绘画：新的形象语言》、《艺术——人的启示录》、《20 世纪艺术文化》（与易丹合著）、《现代艺术与文化批判》、《中国现代艺术史：1979—1989》（与易丹合著）、《艺术操作》、《中国当代艺术史：1990—1999》、《溪山清远——两宋时期山水画的历史与趣味转型》、《20 世纪中国艺术史》、《艺术史中的艺术家》、《美术的故事》、《1979 年以来的中国艺术史》（与易丹合著）、《20 世纪中国美术编年史：1900—2010》、《中国现当代美术史文献》（与孔令伟合编）等。

主要翻译著作有《塞尚、凡·高、高更书信选》《论艺术的精神》《风景进入艺术》等。

前言

本书的出版很偶然。一年多前，我开始着手写作《20世纪中国史》。当我在思考涉及20世纪开端的时间时，发现不得不去溯源清理之前的若干历史段落与问题，而不是不加历史判断地简单从1900年开始。我在体例上安排了一个分量不轻的"绪言"部分，希望通过这个部分将从秦汉以来直至19世纪末的中国历史勾出一个轮廓，以便读者在阅读20世纪中国历史的时候有一个基本的知识背景。

阅读卷帙浩繁的史书已经是过去时代的习惯，至少不是今天大多数人的必然需求，可是，他们却需要最最基本的历史知识。针对这个时间急促而破碎的时代，专业作者应该提供一些文字轻松又不失知识逻辑的著作，以满足那些并不是对历史知识不重视，而仅仅是因为客观条件有限不得不放弃对大部头著作的阅读的读者。这样，我很自然地产生了一个想法：把"绪言"的内容转换为一部中国史的小册子，书名定为《中华帝国的轮廓》。

这本小书试图用八个板块讲述两千多年的中国历史。这么小的容量显然不是挂一漏万的问题，而是太多的历史故事不能够在这样的篇幅中讲述。吕思勉（1884—1957）提醒说：前人因求简要钞出的书，亦都偏于一方面（如《通鉴》专记"理乱兴衰"，《通考》专详"典章经制"等）。本书更是难以囊括哪怕是一个方面，我仅仅是将中国史中的一些问题按照从秦汉直至辛亥革命前夕的时间顺序进行整理，内容涉及国家、制度、文化、文明交往等方面，以及 20 世纪前夕出现的一些历史现象，让读者对历史上的重要节点有初步的了解与反思。

不用担心历史的复杂性，你在高铁上，在飞机上，在咖啡馆、办公室的小憩中，都可以轻松地进入本书的任何一个部分，而每一个部分都会为你描摹一个关于中国历史问题的轮廓，当你更有时间和兴趣的时候，再翻阅其他历史著作，深入了解相关问题。

书中的注释不必都读，除了部分是引述的出处，其余的仅仅是我为那些想立即知道更多历史信息的读者准备的。

在给出必不可少的历史时间的基础上，我尽量减少枯燥的数字。从小学到中学直至大学专门课，老师需要学生记住的历史时间很多，我的经验是，只要我们对历史有了真正的理解，其时间概念自然会留在心中。

感谢广西师范大学出版社，感谢设计师简枫，在如此一个秋风落叶的时候，能够让我的这个历史小书出版。真是幸运之至！

吕澎

2018 年 12 月 24 日星期一于神仙树大院

目 录

Ⅲ

元朝时，两宋时期的文人士大夫在宫廷的那类生活方式显然没有了。因为战争与掠杀，画家、诗人、学者离开杭州，迁移到无锡、苏州、扬州等地生活。政治上的压抑和权力的进一步丧失，连同野蛮的文化习性与醒醐的宫廷权术的控制，知识分子的心境朝着晚宋的内向性进一步发展。像苏轼早就使用了的象征与借喻自元代以后变得非常普遍。与自然紧密关联的梅、兰、竹、菊作为视觉形象的专门科目被反复表现，以表达作者的政治态度与道德情操。而这个历史时期的"复古"态度与其说是一种趣味，不如说是将其视为更为彻底的躲避与逃逸。文人们没有前方的概念，却有值得骄傲的过去，新的感受没有别的渠道去表达，就借助于历史，或者利用过去的笔墨与态度来迂回地抒发内心的复杂感受。画家们已经非常肯定绘画与真实的自然彻底分离，他们知道在笔墨和线条的功夫上就可以做趣味文章，不问自然、不问社会的习惯成为之后文化人的习惯。然而，在中国传统文明正在走向复杂演变的同时，另一个文明发展力量渐渐显露出来。

44

Ⅳ

尽管《托尔德西里亚斯条约》已经认定了葡萄牙与西班牙试图瓜分世界的边界，但是，利奥十世（Leo Ⅹ）在 1515 年 11 月 3 日发布的通谕中进一步明确：赋予葡萄牙发现、占领以及将要占领的土地——"从博哈多尔角（Bojador）到印度，不论位于何处，甚至是今天未知的地方"——的特许权，任何人在这个范围内贸易、捕鱼甚至航行，须经得葡萄牙国王的准许。可以想象，作为对这个特许权的回报，葡萄牙国王要为天主教向新领域的发展提供经费、建设教堂和派遣传教士。

64

V

晚明的政治形势可以用一摊烂泥来形容。帮助皇帝的官僚和那些捍卫正统的士大夫总是受到排挤与打击，除非皇帝再次遭遇危机，那些有能力的官吏才有可能回到他们应有的位置。这类典型的政治案例表现为东林书院的命运。1604年，被朝廷革职多年的顾宪成（1550—1612）在朋友和士子们的协助下，合资修复了宋儒杨时的祠堂，他们建立书院用于讲学论道、著述出版。这些学者——重要的领袖还有高攀龙——开办书院的目的是矫正王阳明心学的空疏，尊重儒学经典，准确理解孔孟之道的精髓，不要因为误读而使儒家思想的传播与运用偏离正轨。

VI

乾隆时期在政治上、军事上留下一些重要历史事件：平定大小和卓之乱、台湾农民起义，加强对西藏的管辖等；歉收之年免去全国农民的租税；尤其是耗费巨资完成近8万卷的《四库全书》，看上去都是后人津津乐道的历史遗产。但是，当1799年乾隆去世时，人们从他的宠臣和珅的家里查抄出8亿两白银，而这时的政府的岁收也不过7 000万两，即便这个数字减少到十分之一，也足以透露出清政府的腐败、无能与日益严峻的衰落。

VII

在狄更斯描述中国的象牙球至《纽约时报》报道英国并没有因为《南京条约》的签署减少反而进一步肆无忌惮扩大了对中国的鸦片贸易之间的十几年里，中国的政治、经济以及社会不断示弱和溃烂，越来越多的问题开始暴露、聚集并交织在一起。

大多数中国人认为自己是世界的中心，中国之外皆蛮夷之地的极端顽固的观念被一次次与西方"蛮夷"的战争所否定和教训，强烈的震惊与愤怒很容易像火山一样骤然爆发。在1894年7月开始到次年4月结束的中日甲午战争中，曾经作为纳贡藩属国的日本在海上击沉了中国军舰，这次战争似乎只有北洋舰队参与，在广东和福建的舰队因为保存实力没有参战，北洋海军全军覆没，大连与旅顺的炮台因日军的占领而失去作用。大多数历史学家将中日甲午战争之后签署的《马关条约》（1895年）视为洋务运动或者自强新政失败的标志，实际上，之前中国因对越南（安南）的藩属控制权而与法国进行了战争（1883—1885），并在战争与随后的谈判中失利；1885年缅甸在英国的怂恿下摆脱对中国的藩属地位而独立。这些已经充分呈现出由历史形成的制度性衰弱没有因为洋务运动而得到制止。的确，经历了数十年的努力在与列强博弈和战争中没有收获胜利，在不少旁观者看来，清政府已经不可救药，就像海关总税务司赫德（Robert Hart，1835—1911）在甲午战争爆发前几个月对丁韪良说过的："恐怕我们是在修补一把已经开裂的水壶。"

I

　　中国的历史被认为从"三皇五帝"开始，然而在不同的古书里，关于三皇五帝①有不同的说法，很不统一。大致自公元前 2070 年至前 256 年，是所谓夏、商、周三代②，目前的考古发现，只有从商代开始才有确实的物证——甲骨文和青铜器。据现有资料，"中国"一词最早见于西周③初年的青铜

---

① 　"三皇"：《史记·秦始皇本纪》谓天皇、地皇、泰皇，《史记索隐·三皇本纪》谓天皇、地皇、人皇，《尚书大传》谓燧人、伏羲、神农，《春秋运斗枢》谓伏羲、女娲、神农，《三字经》谓伏羲、神农、黄帝，《通鉴外纪》又谓伏羲、神农、共工。"五帝"里也有"黄帝"（其余为颛顼、帝喾、尧、舜，当然还有多种说法）。三皇五帝不是今天人们所说的国家帝王，不过是部落或部落联盟的首领。历史学家倾向于将"三皇五帝时代"称为"上古时代""远古时代"甚或"神话时代"。

② 　夏、商、周三代不过是松散的诸侯联盟，与秦朝之后的朝代迥异。

③ 　西周（前 1046—前 771）历经 275 年，共经历 11 代 12 王。先后定都于镐京和丰京（今陕西西安西南），公元前 1038 年营建东都成周洛邑（今河南洛阳）。周朝之前是夏朝和商朝。夏没有什么实物和文字，商朝有发掘物例如甲骨文与青铜器的充分证明。周先受商节制，后周灭商朝，具体精确的时间有争议。周王西伯姬昌和他的儿子姬发死后分别获后人谥称"文王"和"武王"，而不是他们生前的称谓。

器铭文中 ①，而汉语"中国"一词最早指西周京畿地区，后演变为黄河中下游的中原地区 ②，生活其中的先民自称"华夏"（该词第一次见于《左传·襄公二十六年》"楚失华夏"，这里又指中原之华夏大地）③。公元前221年，年轻人嬴政（前259—前210）率秦国军队用十年时间灭了六国（齐、燕、韩、赵、魏、楚）后，结束贵族王侯的王国时代，建立了统一中国的君主帝国时代，他认为自己才是第一个皇帝，故自称"始

---

① 该青铜器（何尊）1963年出土于陕西宝鸡贾村。上有铭文："唯武王既克大邑商，则廷告于天，曰：'余其宅兹中或（国），自兹辟（乂）民。'"（周武王在攻克了商的王都以后，就举行了一个庄严的仪式报告上天："我已经据有中国，自己统治了这些百姓。"）

② 事实上，直至满族人进入中原建立清朝之前，"中国"一词的习惯使用更多地被限于汉族范围，而不是一个多民族的国家概念。19世纪中叶，新疆和云南的动乱被平定，清政府再次采取措施巩固边疆的统治——例如左宗棠（1812—1885）将大量的汉人迁往西部。东北地区也被进行了行政划分（即东三省的雏形），后来，基于饥荒导致的人口减少和俄国人东扩带来的威胁，清政府开禁允许汉人移民东北。为使苟延残喘的明朝尽快全面结束，清统治者一开始也将所占有的领域用"中国"而不仅仅是"大清"来泛泛称谓。尽管汉族官员内心反感，但随着时间的推移与清朝政权的巩固，他们也习惯了包含多民族的"中国"含义。尤其是那些面对列强的屡次入侵开始重新思考民族与国家危亡的人，更是重新将"中国"这个概念纳入一个疆土辽阔并有多民族共存的国家范围进行描述，例如魏源（1794—1857）的著作。到了晚清，清朝皇帝在与西方各国进行国事谈判和签署外交文件时，就一直视自己的政权为"中国政府"。

③ 就历史地理位置而言，中原指洛阳至开封一带为中心的黄河中下游地区（大致为今河南省）。在大量的文学和政治叙事中，"中原"又经常有象征"中国"的意思，有时甚至就是"中国"的同义词。类似，"华夏文明"又指"中华文明"。

皇帝"。在统一中原之后，秦始皇着手南平百越、北讨匈奴。①

公元前214年，秦军将整个岭南地区划入了秦朝的版图；公元前214—前213年，秦将蒙恬（？—前210）率30万军队打击匈奴，迫使一直以来威胁着中原的匈奴"北徙"。与之同时，秦朝又陆续将大批六国富民、刑徒和民众迁徙北河、榆中，屯垦戍边，进而开拓西南少数民族地区，推动秦朝边界的实际延伸。疆域的扩大增加了军队防守与抵御的综合成本，为防止匈奴的骚扰和进犯，秦朝在之前各国（例如秦、赵、燕）已有的护卫长城基础上，不断新建长城，由此，秦始皇可能认为他建立了最初的秦帝国（中国）的边界。② 秦朝政治的

①　秦时的"百越"指长江以南沿海一带，相当于今天的江苏、上海、浙江、福建、广东、广西、海南及越南北部一带。历史上，匈奴是秦末汉初占中原以北的游牧民族，传为夏王朝后裔中的一支发展而来。之前，秦始皇令蒙恬攻击匈奴，致使后者离开河套北徙。秦朝灭亡后，戍边人逃回中原，匈奴恢复强大回占河套，成汉朝大敌。《史记》说："自淳维以至头曼，千有余岁，时大时小，别散分离，尚矣……然至冒顿（？—前174）而匈奴最强大，尽服从北夷，而南与中国为敌国……"公元前200年，匈奴与汉正式交战。公元前121年，汉朝受降匈奴浑邪王，后陆续设河西四郡（酒泉、武威、敦煌、张掖），疏西域交通。自秦击匈奴至公元92年汉军败北单于金微山（今阿尔泰山），匈奴灭，其间有三百多年复杂的冲突、和解与征战的历史。

②　吕思勉在他的《中国的历史》里叙述蒙恬斥逐匈奴收取河南、发兵略取南越时论断，这是时势所造，无甚稀奇。

　　不过，"北限长城，南逾五岭"，中国疆域（本部十八省）的规模，却是从此定下来的。——后来无甚出入。（吕思勉：《中国的历史》，新世界出版社，2017年，第43页）

治理方式是废除分封制，通过加强君主专制，削弱旧贵族势力，根据军功决定一个人是否升迁为贵族，这就破除了原来由血缘关系决定的宗法制，贵族的世袭制为官僚制所代替，建立了从中央到地方的郡县制和官僚制度①，这样的制度框架一直延续到今天——尽管历朝帝王对自己的统治制度都有技术上的修改和补充。为后世文人或知识分子反复提及的"焚书坑儒"事件经常被历代和各个历史时期人们视为暴政或专制独裁政权加于文人知识分子的暴行的历史典型案例。② 公元前

---

① 相应地，秦始皇统一了货币和度量衡；尤其是统一文字，这使得人们对文明诸事务的理解遵循着一致的符号思维习惯。

② 春秋战国时期（前770—前221）因为权力分割，学说纷起，产生了诸多学派，史称诸子百家。秦始皇统一之初，面临是否继续分封诸子为王的问题。基于李斯（？—前208）对西周分封制导致祸乱的批评，秦始皇采纳了他的意见，在全国确立了郡县制。然，一些儒生和游士引用儒家经典批评时政（例如《尚书》记载了上古圣王的治世理念，《诗经》中也多赞颂历代君王，这也犯秦忌）。公元前213年宫廷再次发生师古论今的争论，有主张回到分封制的意见，这被认为与过去的思想流传有关。丞相李斯向秦始皇提出焚书建议：（1）除《秦记》、医药、卜筮、农家经典外，诸子和其他历史古籍，一律限期交官府销毁。令下三十日后不交的，处以黥刑并罚苦役四年；（2）谈论《诗》《书》者处死，以古非今者灭族，官吏见知不举者，与同罪；（3）有愿习法令者，以吏为师。秦始皇批准了李斯的建议。不到三十天时间，中国秦代以前的古典文献，大都化为灰烬，只有皇家图书馆内的一套藏书保留下来。焚书次年，一方士因无法履行为秦始皇找到可以长生不死的药物的承诺，又开始指责诽谤秦始皇天性"刚戾自用"，贪于权势，独断专行。秦始皇得知后以"为妖言以乱黔首"的罪名，下令进行追查，亲自圈定460余人活埋于咸阳。即是"坑儒"事件。

"焚书"的目的是为了统一思想，这时，基于儒家尊古、六国贵族 [转下页]

206年，秦朝灭亡。之前被灭的六国后裔加上灭秦有功的人借此试图要回到分封时代，项羽（前232—前202）甚至还进行了分封的安排。但各个势力冲突杀戮不断，最终，公元前202年，项羽自刎于乌江（今安徽和县），"天下"（其实也是古代关于"中国"的代名词）继而统一于汉——在布衣出身的刘邦（前247—前195）看来，秦划定的边界范围内的"天下"现在就是他的，不过，他仅仅是将秦朝的制度承袭下来，完善了中央集权的帝国体制——通过三公九卿官职分工负责，最终权力集中于皇帝。这个体制是如此有效和在时间中获得了充分的完善，以致这个我们可以称之为"秦汉政体"的秩序一直维系到了19世纪中叶才不可救药地显现出它的危机。

公元前138年，一位叫张骞①的年轻人率领一百多人，从

[接上页]借着儒家的"克己复礼"试图恢复周朝分封制，显然有违秦朝集权政治——不符合秦始皇统一中国的目的。至于"坑儒"，证据引自《史记·秦始皇本纪》中秦始皇长子扶苏的话："天下初定，远方黔首未集，诸生皆诵法孔子，今上皆重法绳之，臣恐天下不安，唯上察之。"但东汉学者王充（127—约97）在《论衡·语增篇》中说："燔《诗》《书》，起淳于越之谏；坑儒士，起自诸生为妖言。"史学家吕思勉说："坑儒一举，乃因有人诽谤始皇而起，意非欲尽灭儒生，并不能与焚书之事并论。"历史地看，不宜把"焚书"与"坑儒"视为一件事情。

① 张骞（前164—前114），汉中成固（今陕西成固）人。汉武帝刘彻即位时，在朝廷任职。据史书记载，当时张骞"以郎应募，使月氏"。"郎"，是皇帝的侍从官，没有固定职务，又随时可能被选授重任。

陇西（今甘肃临洮）出发前往西域①，他奉汉武帝之命欲说服
大月氏②共同抗击北方的匈奴。在进入匈奴人控制的河西走廊
后，一行人为匈奴军队所捕，被扣留和软禁起来，他被迫娶
匈奴女子为妻，还生了孩子，自此，张骞等人在匈奴一直留
居十年之久。公元前129年，张骞离开妻儿，带领随从逃离，

---

① "西域"一词在不同时期不同论题不同角度有不同的使用，就历史地理范围而言，历史书有一个相对明确的表述，《汉书·西域传序》："西域以孝武时始通，本三十六国，其后稍分至五十余，皆在匈奴之西，乌孙之南，南北有大山，中央有河，东西六千余里，南北千余里。东则接汉，阨以玉门、阳关，西则限以葱岭。"简单地说，是对玉门关、阳关以西，葱岭（今称帕米尔高原）以东地区的总称。西域三十六国为：婼羌、楼兰（鄯善）、且末、小宛、精绝、戎卢、扜弥、渠勒、于阗、皮山、乌秅、西夜、子合、蒲犁、依耐、无雷、难兜、大宛、桃槐、休循、捐毒（今乌恰县）、莎车、疏勒、尉头、姑墨（今阿克苏市）、温宿（今乌什县）、龟兹（今库车县）、尉犁、危须、焉耆、姑师（车师）、墨山、劫、狐胡、渠犁、乌垒。西域三十六国中，一部分是游牧部落，另一部分是城郭之国。这些"国"又在公元前后分裂为五十五国。以后人们也习惯地将"西域"延伸至青海、西藏。直至今日，有时对"西域"的使用已经泛泛延伸至欧洲西方国家与地区，特别是在讨论有政治与历史含义的"丝绸之路"话题的时候。

② 月氏是古西域国名。公元前5—前2世纪初，游牧于河西走廊西部张掖至敦煌一带。秦汉之际，月氏的势力强大，公元前177年前不久，月氏击破敦煌附近游牧部落乌孙，后者逃奔匈奴。然，公元前177—前176年间，匈奴大败月氏，公元前174年，匈奴再败月氏，迫月氏遂西迁至伊犁河流域及伊塞克湖附近。月氏在河西走廊留下小部分残众与祁连山间羌族混合，号小月氏，西迁月氏被称为大月氏。至公元前139—前129年间，乌孙西击大月氏，夺取伊犁河流域等地。大月氏再次被迫南迁，定居于阿姆河北岸。公元前1世纪初叶，大月氏又征服阿姆河以南的大夏。大月氏人分为休密、双靡、贵霜、肸顿、都密五个翕侯，保持各自的自治权。公元1世纪时，贵霜翕侯攻灭其他四翕侯，建立贵霜王国。但中国仍称之为大月氏。

继续前往大月氏。一路数十天的艰辛与危险，到达大宛①。大宛王了解汉朝，予以示好，安排向导和翻译，将张骞等人送到康居②，通过康居，张骞到了大夏③，继而，大夏将他们送

---

① 大宛，古代西域国名，位于葱岭西麓，锡尔河上、中游（今乌兹别克斯坦费尔干纳盆地），为农牧业国家。原始居民以塞族人（又称斯基泰人）为主，居民五官有高加索人种特征，风俗与南方大夏同。张骞出使西域首先到达的是大宛。以出汗血马引发与汉朝之间的征战著称。公元前329年，亚历山大大帝征服帕米尔高原西部的费尔干纳盆地，古希腊人对该地取名大宛，大宛在希腊化的塞琉古帝国和巴克特里亚时期逐渐繁荣，直至公元前160年，受大月氏迁徙影响，大宛与希腊世界疏离。约公元前250年，巴克特里亚总督狄奥多特一世宣布独立，脱离塞琉古帝国，建立大夏（于公元前125年为大月氏所灭），大宛落入大夏统治。汉代与大宛的征战与往来，可以被视为中国文明与印欧文明的早期接触，并因"丝绸之路"而延续。

② 康居，古代西域国名。东界乌孙，西达奄蔡，南接大月氏，东南临大宛，约在今巴尔喀什湖和咸海之间。自锡尔河下游，至吉尔吉斯平原，是康居疆域的中心地带。早于张骞出使西域，即公元前133年，司马相如（约前179—前118）告巴蜀民的檄文和董仲舒（前179—前104）的对策中都曾言及康居，是最早与汉朝发生联系的西域诸国之一。

③ 大夏（Tokhgra，Tochari），张骞出使西域回来后才提及的西域古国之一，居民也许是印欧人种塞族人的一支，即古希腊文献所见 Tochari。中国史籍通常将主要由塞族人控制的地区称为大夏（"大夏"应为 Tochari 的汉译）。大夏国都是蓝市城（今阿富汗巴尔赫附近）。约公元前139—前129年，生活在伊犁河、楚河流域的大月氏人西迁，大夏遂臣服于大月氏。张骞接触大月氏时正是后者"臣畜大夏"之时。中国古代文献有记载说大夏为希腊族移民建立的巴克特里亚王国，位于兴都库什山（古希腊称 Paropamisus）北麓及阿姆河（古希腊称 Oxus）上游一带。曾先后经历古波斯帝国（前550—前330）、亚历山大大帝国及塞琉古王国（前312—前64）的统治。公元前3世纪中叶，塞琉古王国在大夏的总督狄奥多特实行独立，独立后的大夏统治者们仍然是古希腊族移民出身的人，故史书又称之为希腊–大夏王国。狄奥多特二世时，大夏北部地区的一个总督欧提德摩斯夺取狄奥多特家族的政权，自立为王。其子地米特留斯（约前190—前167年在位）继位后，[转下页]

至大月氏。张骞等人在大月氏逗留了一年多，未能说服大月氏联合打击匈奴。公元前 128 年，张骞动身回汉。归途中，张骞等人再次被匈奴所俘，又扣留一年多。公元前 126 年（元朔三年）初，匈奴内乱，张骞逃回长安。看上去，张骞这次出使西域，未能达到目的，不过，长期的西域生活，使张骞获得了有关西域地理、物产、风俗习惯方面的知识，张骞向汉武帝的报告构成了《汉书·西域传》资料的最初来源。公元前 119 年，张骞第二次奉派出使西域。这时，汉朝控制了河西走廊，汉武帝接受张骞的建议：招乌孙①东返敦煌一带，共同抵抗匈奴；同时，设法与西域各族接好，完成对匈奴的

[接上页] 将南部地区（大约相当于今阿富汗和巴基斯坦所在的地区）纳入大夏版图，至大夏王国的极盛时代。地米特留斯通过迁都古印度平衡希腊文化与古印度文化，导致大夏的希腊人反对。约公元前 168 年，希腊人贵族欧克拉提德占据大夏，自立为王。于是希腊人统治的大夏国家一分为二：一在大夏本土，一在印度。公元前 128 年，张骞出使大月氏至阿姆河时，大夏人定居巴克特里亚，大夏人在巴克特里亚脱离希腊人统治后不久，为第二次西迁的大月氏人征服。大夏语属于印欧语系的伊朗语族，最初用阿拉米字母书写，在月氏人统治下开始用希腊字母书写。

① 公元前 2 世纪初叶，乌孙人为敦煌祁连地区的游牧民族，操突厥语。唐代颜师古（581—645）对《汉书·西域传》作的一个注中提及："乌孙于西域诸戎，其形最异，今之胡人青眼赤须，状类弥猴者，本其种也。"这接近欧洲人种。公元前 177—前 176 年间，匈奴击败月氏并将其赶往伊犁河流域，之后，匈奴与乌孙又合力进攻迁往伊犁河流域的月氏，将月氏驱往南方的大夏境内。由此，乌孙人彻底放弃敦煌祁连间故土，迁至伊犁河流域。张骞出使西域归来，曾建议汉王朝利用乌孙，共同夹击匈奴，为此汉朝与乌孙有数次和亲。公元 410 年乌孙被柔然所灭，如今的哈萨克族被认为是乌孙的遗留。

征服。到了公元前115年张骞出使归来时，已有乌孙使者到了长安。之后汉朝出使就远及安息（波斯）、身毒（印度）、奄蔡（在咸海与里海间）、条支（安息属国）、犁轩（一说指附属大秦的埃及亚历山大城），由此汉与西域的交通完全建立起来，此后，"西域"一词渐渐不局限于异域名称，而被纳入汉朝的范围，汉朝统治有了扩大。① 实际上，至秦始皇筑长城以护中原之时，西界不过临洮、玉门，张骞出使之前，葱岭以西的大宛、乌孙、大月氏、康居、大夏诸国并未受汉朝的影响，张骞通西域后，中国与葱岭东西连接，继而同中亚、西亚，以至南欧也建立起商贸、文化与政治联系。张骞的路线被后人践行和补充，形成了由19世纪末德国地质学家李希霍芬（Ferdinand von Richthofen，1833—1905）命名的"丝绸之路"——故汉通西域使得中国、印度以及希腊文化开始了最早的交汇。② 可以想象，宗教、思想与文化的传播无疑也随

---

① 公元前60年，匈奴日逐王先贤掸率人降汉，匈奴对西域的控制力量被严重削弱。汉朝开始在西域正式设置行政机构，即设立西域都护府于今巴音郭楞蒙古自治州（简称巴州）的轮台县附近（东经85° 04'，北纬42° 00'，海拔高度990米）。当时名为乌垒城（前名轮台国，一个城郭之国），该行政机构用于汉朝管理西域三十六国的政治、经济、文化和军事事务，都护由皇帝任命，据《汉书》记载，西汉历任都护十八人。

② 古代西域葱岭以西大多为白色人种，表明早期白种人军队在征战开拓的疆域上留下来的军人或相关人员的繁衍旺盛，这很自然地带来古希腊文明和 [转下页]

着这条路线进入了中国。例如佛教就是跨越葱岭即帕米尔高原传入中国的，这就是北魏时期（386—534）大量的佛教艺术四处可见的原因。^① 直至唐代，中国与西域各国在文化、艺术、宗教以及物质生产方面的交流和通汇达到鼎盛，长安似乎的确成了世界的中心。

［接上页］古罗马文明或异域国土的历史和文化痕迹。例如公元前329年，亚历山大大帝征服了费尔干纳之后，在锡尔河南岸建造了绝域亚历山大里亚城（今塔吉克斯坦苦盏）——要知道亚历山大的老师是亚里士多德（Aristoteles，前384—前322），他的意志与执行一定会使希腊文化的痕迹延续下来，这类城市除了显示大帝的功威，当然会用于安置退役老兵和希腊雇佣兵定居，用他们防御草原游牧部落的攻击，这与秦朝扩大疆域之后将部分军人保留边疆并补充戍边人员的情形相似，希望作为疆域边界的守持据点和日后进一步远征的基地。这些白种人大多没有越过葱岭东（乌孙被疑为越过葱岭直达甘肃敦煌祁连间的白种人）。同时，远古的迁徙导致行至印度北部的雅利安人与印度南部的土著居民达罗毗荼人结合，形成了现在说雅利安语族印度语支的诸民族。

① 北魏时期的艺术多为雕刻，集中表现在当时的石窟寺中，这些雕刻主要受古代印度艺术的影响。至于石窟分布与广度让人吃惊：大致西起今甘肃，东至今辽宁，著名的有云冈石窟（大同）、龙门石窟（洛阳）、敦煌石窟、麦积山石窟（天水）、炳灵寺石窟（永靖）、天龙山万佛洞（太原）等。

II

秦通过战争统一了中国，从此秦始皇被"定于一尊"①，之后，汉朝（前206—公元220）巩固统一、扩展疆域的重要手段可以说是思想。最初，"无为而治"的黄老之学是刘邦的治国理论，目的在于满足人民在征战年月之后渴望安宁、休养生息的愿望。汉武帝刘彻在位（前140—前88）时，政治上的中央集权非常成功，他显然意识到维持中央统治的方法应该是塑造人们的思想，他选择了儒家，故有"罢黜百家，独尊儒术"的实施。他本人当然不是意识形态话术的编制者，这个任务落在了董仲舒等人的身上。在董仲舒之前，汉武帝已经开始采取措施，尽量避免儒家思想之外的学派思想的传播，政府仅仅延揽儒生入仕。同时，设立"五经博士"（专事《诗》《书》《礼》《易》《春秋》的研究），使儒学成为官学。博士们将对阴阳五行的解释融进了儒家教条中，使

---

① 《史记·李斯列传》："今陛下并有天下，别白黑而定一尊。"

儒学增加了玄学的成分，这些"成分"的作用在于使帝王的唯一性合法化。因为那时的人相信"天""道"的终极存在的客观性，只有帝王在"替天行道"，他拥有行使一切权力的天然合法性，人们应该一开始就认可这样的永恒现实。儒学的功能主要是为这种秦汉政体提供理论依据和方法。像后来西汉戴圣编《礼记》里所说"天无二日，土无二王，家无二主，尊无二上"这类表述的含义经过历代传颂已经深入人们的潜意识中。最后，虽然其他学说仍然有不同程度自由流传的空间，基本的情况是：汉朝是平民创立的天下，所以，官吏升迁的世袭制度就无法实行。建立考试制度被提上议程，需要斟酌的仅仅是标准。既然"独尊儒术"，政府设立的太学当然是将儒家经典作为考试的主要内容，这样，进入仕途的人的思想就能够符合汉帝国的要求[①]，而这些都是董仲舒、公孙弘（前200—前121）帮助建立完成的。核心问题是：为什么是"儒学"？

人们把春秋（前770—前476）与战国（前475—前221）时期——这个时段容易让人想起西方思想的源头苏格拉底（Socrates，前469—前399）、柏拉图和亚里士多德——的

---

① 汉武帝"独尊儒术"不过是为统治的合法性建立意识形态基础，从此之后，历代帝王总是利用被不断解释的儒学思想和法家的理论——所谓儒术和法术并用——治国理政，从不会单纯实施德政。儒生更多的是统治者施政合法性的辩护者。

多家思想流派之间的混战局面表述为"百家争鸣",可以想象,这是一个思想上的自由时代。从历史学家司马迁(前145或前135—?)的父亲司马谈(?—前110)那里,开始了对不同流派进行最早的归类,形形色色的思想被归纳为"阴阳家""儒家""墨家""名家""法家"和"道德家"(道家)。各家思想都有其特殊性,例如"法家"对法律的强调让人想到西方有关规则与制度的思想,而法家的实质是希望统治者通过暴力与集权实施统治。不过终究是"儒家"和"道家"更为数百上千年的中国人所尊崇和受用——统治阶级对"法术"的利用甚至对法家的思想并不着力宣扬。因而,秦汉政体的基本特点就是儒家思想包裹的法家制度,历代帝王的水平高低取决于如何利用儒术来灵活而有效地解释和行使法家的措施。儒家思想不是宗教神学也不是形而上学,而仅仅是一种政治理论,这也是不同历史朝代总会对儒家思想不断重新诠释的原因——每个朝代的帝王都需要在不可避免的动荡与变化时期为自己的言行提供道统意义上的合法性。

把众所周知的孔子(前551—前479)说成是儒家的创始者是普遍的表述,但是,无论如何考订,人们无法统一确定:作为经典著作的《诗》《书》《礼》《易》《乐》《春秋》这六本书（所谓"六经"）①究竟与孔子的工作有什么关系？作者，修订者抑或注者？人们更愿意接受的看法是：这些书早在孔子之前就有了，它们是不少人用来传授的典籍，那些有知识、传授典籍的人被称为"儒"。此外，孔子自己都说他"述而不作"，所以，也就可想而知，他没有著书。但是无论如何，孔子因为教书，所以熟悉这些典籍里的知识，他一定有自己的发挥与解释，他的学生把他平时讲学分散的言论集中起来，编辑成《论语》，这样一来，《论语》就成为孔子的思想论集，而六经里的很多思想也就被消化在《论语》中，成为事实上的"作"。因为我们很难去想象或者推导原作者究竟是什么意思，例如，在解释《诗经》时，孔子说："《诗》三百，一言以蔽之，曰：'思无邪。'"（《论语·为政》）于是，他的学生就将诗的作用理解为道德训导。孔子的这种方法或者叫习惯被很多富于思考的人所采用，导致"注疏"成为一种学术方法和传统，这样的专家集中起来大致统称为

---

① 儒家经典被归纳为十三经。最初儒家有六经：《诗经》《尚书》《仪礼》《周易》《乐经》《春秋》。秦始皇"焚书坑儒"，《乐经》失传；东汉时期，又加上《论语》《孝经》，共七经；唐时加《周礼》《礼记》《春秋公羊传》《春秋谷梁传》《尔雅》，共十二经；宋时增《孟子》，为十三经。以后人们习惯的"四书"则为《大学》《中庸》《论语》《孟子》，"五经"则指《诗经》《尚书》《礼记》《周易》《春秋》。直至19世纪末，有关儒家经典中的思想与含义始终都是无数儒生、文人士大夫、学者反复琢磨领会的主题。

"儒家"，这里的"家"就是我们今天的"学派"的意思。

《论语》既然是孔子学生的收集，并没有一个系统的陈述逻辑，涉及的问题大多是治国理政、道德修养、为人处世以及个人行为准则的教导。孔子是一个非常的智者，他的语言精练，并且经常以提问的方式表达思想，这特别符合哲学的特征。孔子说："周监于二代，郁郁乎文哉！吾从周。"（《论语·八佾》）我们不必过多追问孔子尊崇的周礼究竟如何，不过他认为那是社会的等级规矩和一个国家的行事准则，即便是君主也不可礼乱。所以他说："君使臣以礼，臣事君以忠。"（《论语·八佾》）"礼"是如此之重要，以至"非礼勿视，非礼勿听，非礼勿言，非礼勿动"（《论语·颜渊》）。实际上，无论孔子所说的"礼"是否限于周礼，千百年来统治阶级都将"礼"套在自己确定的秩序中，这使得由此形成的等级制度必须保持不变，所以"礼"的核心，即"君君、臣臣、父父、子子"（《论语·颜渊》）的制度结构具有唯一的合法性。在《论语》里，"仁""义""礼""智""信"这几个字被经常使用，孔子说："唯仁者能好人，能恶人。"（《论语·里仁》）他告诉学生，如果立志修行仁德，就不可能成为邪恶的人，贫富贵贱，都要有正确的对待与处理，真正的君子不会因为急迫与颠沛而抛弃仁德。孔子对学生说：

"刚、毅、木、讷，近仁。"（《论语·子路》）翻译成今天的白话就是"刚强、果敢、朴实、谨慎"是属于仁的品质。但是，他说的仁还有别的内涵。[1] 此外，对于一个高尚而品质优秀的人，他的言行不过是尊崇"义"的规定，"君子之于天下也，无适也，无莫也，义之与比"（《论语·里仁》），所以，君子注重的是"义"，而品质低劣的人只知道"利"。孔子很重视一个高尚品质的人的文字水平，"质胜文则野，文胜质则史。文质彬彬，然后君子"（《论语·雍也》）。孔子的这类文字就是非常君子的文字。这里的理解应该非常准确，中国文人知识分子内心自知达"道"非常不容易，在"文""质"之间难以做到非常恰到好处的程度时，便宁可接受"质"——也就是表达内心真意之本——的保留。[2] 当然，实践与行动的重要性是孔子强调的，仁的有无不是光靠嘴说，

---

[1] 例如学生子张问孔子什么是仁，孔子说：能在天下实行恭敬、宽厚、诚实、勤敏、慈惠（"恭、宽、信、敏、惠"，出自《论语·阳货》）这五种品德的人可以说是具有仁德了。

[2] 宋代思想家朱熹（1130—1200）在他的《四书章句集注》里对这段话的注释是这样落文的：

野，野人，言鄙略也。史，掌文书，多闻习事，而诚或不足也。彬彬，犹班班，物相杂而适均之貌。言学者当损有余，补不足，至于成德，则不期然而然矣。杨氏曰："文质不可以相胜。然质之胜文，犹言甘可以受和，白可以受采也。文胜而至于灭质，则其本亡矣。虽有文，将安施乎？然则与其史也，宁野。"

而是行动的践行。当学生问怎样算是有仁，孔子说："仁者先难而后获，可谓仁矣。"（《论语·雍也》）其实，在《论语·为政》里，孔子已经讲过了，作为君子，应该"先行其言，而后从之"。这一点孔子也有自知，他有参与治国理政的抱负，而没有机会践行，并且日常表率也自觉不够，所以，他也自谦承认，他的学问与其他老师相比可能也差不多，但是在行动上还没有达到君子的标准。[①] 在道德训教方面，当学生问古代贤人伯夷、叔齐相互谦让没能当上国君，是不是有些后悔啊？孔子回答说："求仁而得仁，又何怨！"（《论语·述而》）这里，好的道德品质，即做一个高尚的人被认为是最重要的，在孔子看来，功利目的不足为道。

生活在公元前 300 年左右（战国时代）的孟子（约前 372—前 289）受教于孔子的孙子子思的门人，孔子的基本思想——仁、义、礼、智——他全部接受下来[②]，而且，他在利用这些思想去讨论治国理政方面留下了更多的文字。看得出，在孟子看来，所有的思想，不过是要建立与维持一个人人都

---

① "文，莫吾犹人也。躬行君子，则吾未之有得。"（《论语·述而》）

② 孟子有这样的解释："恻隐之心，仁之端也；羞恶之心，义之端也；辞让之心，礼之端也；是非之心，智之端也。人之有是四端也，犹其有四体也。"（《孟子·公孙丑上》）"恻隐之心，仁也；羞恶之心，义也；恭敬之心，礼也；是非之心，智也。"（《孟子·告子上》）

爱的国家，人民安居乐业、和谐相处，是人类生活的最高境界。然而，做到这样的境界非常困难。孟子生活的时代已经非常动乱，对此，他也固守"仁义"去与君王讨论治理国家，所以，当梁惠王（前400—前319）问他不远万里而来，对他的国家有什么利时，孟子回答说："王何必曰利？亦有仁义而已矣。"（《孟子·梁惠王上》）他与梁惠王讨论如何实施具体的仁政："王如施仁政于民，省刑罚，薄税敛，深耕易耨，壮者以暇日修其孝悌忠信，入以事其父兄，出以事其长上，可使制梃以挞秦、楚之坚甲利兵矣。"（《孟子·梁惠王上》）他相信：他国没有仁政，导致民不聊生，妻离子散，此国实施仁政，就能够对他国不战而胜。当被问到谁能够统一天下时，孟子说，"不嗜杀人者能一之"（《孟子·梁惠王上》）。孟子还举例说，就像七八月间地里干枯的禾苗，一旦天下雨，禾苗一定能够旺盛地生长起来，无人能够抵挡这样的生长，这就像水一定会朝低处流一样，谁能够挡得住？即便我们从更富于理解力的角度去领会这类思想，也很难想象仅仅靠人心固有的仁义就能够达到良好的目的。孟子认定了人的内心的善，认定君王与百姓的和睦相处，甚至推断只要国与国仁爱相处，就没有解决不了的冲突问题。孟子回顾历史，是这样评价"仁"的重要性的："三代之得天下也以仁，其失天下也以不仁。国之所以废兴存亡者亦然。天子不仁，不保四海；诸侯不仁，不保社稷；卿大夫不仁，不保宗庙；士庶人不仁，不保四体。"（《孟子·离娄上》）在齐国打败燕国取得胜利，获得更多土地时，他警告齐王，其他国家准备来打齐国，是因为齐国没有及时实行仁政，譬如：让俘虏回家，不要搬运财宝，与燕国的人民讨论选一个新的燕王，齐国人退出燕国……这样，其他国家就不会联合攻打齐国了。孟子甚至对君主进行了"王""霸"之分，前者的力量来自仁义道德，后者依赖的是势力，仅仅是假借仁义之名。因此，君王在伦理道德方面必须是人民的表率，所谓"君仁莫不仁，君义莫不义"（《孟子·离娄下》）。在治理国家方面，孟子举例与假设颇多，而后面的事态却也没有像孟子说的那样演变，仅仅说齐王朝廷不听劝告以致不实施仁政没有获得最终的留存是难以有说服力的。

在孟子的思想里，对"天"与"民"的讨论既重要也有趣。孟子设置了一个看不见的宇宙力量"天"，"天"才是最高的主宰，统领并安排一切。以至在讨论是不是尧赋予权力于舜，将"天下"传给了舜时，孟子提醒说，根本不是这么回事，任何天子其实没有权力和能力把天下交给谁，而只有"天"才是天下转移的决策者。所以，权力的转移程序是：天子将候选人推荐给天，天默默地行使其权力，接受候选人，让人民知道谁是天下新的管理者。天看不见，摸不着，不说话，而是通过天子、诸侯、大夫的具体言行政事显示出来。要解释清楚这个流程很困难，但是，孟子这样举例说：

> 舜相尧二十有八载，非人之所能为也，天也。尧崩，三年之丧毕，舜避尧之子于南河之南，天下诸侯朝觐者不之尧之子而之舜；讼狱者不之尧之子而之舜；讴歌者不讴歌尧之子而讴歌舜，故曰天也。夫然后之中国，践天子位焉。而居尧之宫，逼尧之子，是篡也，非天与也。《泰誓》曰："天视自我民视，天听自我民听。"此之谓也。（《孟子·万章上》）

从君王到平民百姓，几千年来对"天"的如此宣示没有异议，国运与天有关，个人与天有关，必然性与天有关。君主的残暴，最终死于非命，并永远获得的是坏名声①，这当然被理解为触犯"天意"。例如"役民无度，征伐无度，挥霍无度"的隋炀帝（569—618）被认为是暴君，被理解为犯天作恶太多——即儒家认定的"不仁"，天注定了他在兵变时

---

① "暴其民甚，则身弑国亡；不甚，则身危国削，名之曰'幽''厉'，虽孝子慈孙，百世不能改也。"（《孟子·离娄上》）

被人活活勒死。那些令人惋惜的事情，又因为不如人意或者是悲剧的结果，也被理解为"天"不应答。直到今天，中国人也会习惯使用"人在做，天在看"这样的句子，不仅用来表述对坏事与邪恶的躲避与厌恶，也用来明确自己的道德立场。以后历代皇帝的"奉天承运"这类托词大致也来自古代圣贤这样的解释，可是，对"天"的解释权从古至今都因事因人因地因时而异。

很多人都注意到孟子对"人"的强调，强调君王要善待老百姓，施以仁政，就可以建立一个无敌的和谐国家，他甚至说："仁也者，人也。合而言之，道也。"（《孟子·尽心下》）这可以让人怀疑孟子有一种类似今天的民主的观点，其实可以想象，老百姓对仁政的喜爱和顺从主要体现在其对衣食住宿的基本要求与保障上，没有更多的综合申述，在那个文明程度仍然不高的时代，这似乎已经够了。不过无论如何，孟子在他的思想中自始至终都表现出仁爱与慈悲之心，总是为他人着想，而不仅仅限于个人的考虑。这就是为什么他对杨朱（约前395—约前335）、墨翟（约前468—前470）的学说反感，因为前者过分强调"为我"，失去对君主的重视；后者的"兼爱"缺乏仁义要求的等级先后，被儒家放在重要位置的父亲就变得非常不重要了——至少孟子是这样看的，而这都是有违儒家基本教义的。孟子与孔子一样，留下了千古宣唱并且从不同角度使用的句子，例如：

> 劳心者治人，劳力者治于人；治于人者食人，治人者食于人，天下之通义也。（《孟子·滕文公上》）
>
> 富贵不能淫，贫贱不能移，威武不能屈，此之谓大丈夫。（《孟子·滕文公下》）
>
> 古之人，得志，泽加于民；不得志，修身见于世。穷则独善其身，达则兼善天下。（《孟子·尽心上》）
>
> 天下有道，以道殉身；天下无道，以身殉道。（《孟子·尽心上》）

儒家思想总是维护着达"道"的等级制度，当然受历代统治者的认可，尽管他们事实上是将儒家思想视为主要由臣民去遵循的道德信条，并指望以最简洁明确的方式要求臣民遵循。

如果看看历代帝王的统治之术，儒家教条也许是一种用于"文治"的道德训诫，可是，每个人都会自觉地去遵守吗？在思想家韩非（约前280—前233）看来，仅仅依赖于"仁政"是不行的，至少秦始皇一开始就意识到韩非的思想是符合自己的看法的，他是如此赞同韩非的著作甚至说："寡人得见此人与之游，死不恨矣！"（《史记·老子韩非列传》）韩非被认为是法家一派的代表，在他之前，与孟子同时的慎到（约前395—约前315）强调"势"，即今天所说的权力或威权；申不害（约前385—前337）提倡"术"，大致就是方法与策略；商鞅（约前390—前338）重视"法"，可以理解为法律与规则。而韩非子则将这三者归纳起来，强调了"法""术""势"的统一与缺一不可。韩非子同意荀况（约前313—约前238）的"性恶"论而不同意孟子的"性善"论，他说每个人都有"自为心"，这差不多就是今天的人们所说的自私心理，人们之间的关系就是相互利用的关系，即便君臣父子之间的关系也是如此，例如高官厚禄就是君王给予臣民对他的忠诚的一个报酬，反之可以理解臣民的尽忠效劳不过是为了获得名利。因此，儒家的仁、义、礼、智、信并不解决什么实质问题，除非使用严厉的赏罚措施。这样，统治者必须制定法律制度，以便让所有的人遵守执行，通过执行的结果实施赏罚，所谓"法者，编著之图籍，设之于官府，而布之于百姓者也"（《韩非子·难三》）；通过"藏之于胸中"的"术"来实施对官吏的任免和生杀；而最高统治者则掌握着制定"法"和玩弄"术"的权力，这就是所谓的"势"的作用与含义。韩非子告诉统治者，商鞅治理秦国注重"法"而乏"术"，故国富兵强的同时大臣们也获得了势力上的发展，威胁着最高统治者；至于申不害则过分偏于"术"，没有帮君主制定好前后一致的规则，结果不同时期的法令之间标准相悖而冲突不止，因每个臣民都有自己的法令依据，所以，这两种情况都让君王难以实现统一天下的霸业。因此，君主务必始终不离"势"，即始终要控制着制定法律、推行法律以及判断是否有人违法的权力，一切都要在君王的掌控中，才能获得并巩固统治，这样的思想当然能够得到秦国君主的赞同并实施。有人说，难道制定法律法令不好吗？关键是，制定法律法令的权力在君王手中，这决定了世间的一切是以君王的意志为转移的，这样的法就是个人之法，而在绝对权力（"势"）的行使下，就是任意之法，何况"术"是秘而不宣的，谁也不清楚君王在何时何刻有何想法，这也是历代王公大臣都没有安全感同时利用权术相互攻讦的原因，臣下一般庶民的命运更是可能被各级官吏随意处置。这样看来，儒家思想像是一种具有修饰性的道德宣教，而法家之术则是统治者手中真正产生实际作用的工具。历代统治者大致就是在这两家的教导中根据自己的统治需要来回转换或兼而使用。

另外一种思想流派表现出超越世间的态度，这就是所谓的道家。道家的思想与儒家思想正好相反：按照道家的看法，儒家"以道殉身"或"以身殉道"都没有必要，甚至是错误的。世界——无论你是否改变它——不需要你刻意为之，儒家重视的礼节经常限制了人的自然情感和欲望，以致限制了人的自由，而世界与人之间的关系本是自然而然的，包括社会也是由人构成的，人的状态与心情以及对存在的态度，都决定了社会、国家以及制度的要求与合理性。《列子·杨朱》就这样说："古之人损一毫利天下，不与也；悉天下奉一身，不取也。人人不损一毫，人人不利天下，天下治矣。"与儒家学派的复杂性一样，道家的思想家们之间也有不同。人们把杨朱（生活在与孟子差不多同时期）也视为道家早期先声，是因为杨氏对"我"的关心和对世道的漠视与老庄相近。可是，就道家的基本主旨和明确性而言，仍然是老子（约前570—约前471）被普遍视为道家学派的创始人。

既然孔子被认为向老子请教过"周礼"，那老子可能是比孔子年龄大但又是同时期的人——老子是周朝史官，负责管理藏书。与孔子一样，老子在鲁国待过，最终去了秦国隐居，受请求写出《老子》①。与《论语》一样，《老子》中的句子

---

① 即《道德经》。与《论语》相似，《老子》最初也不过是言论集，没有章，也不叫"经"。很难说是连贯的论述，不宜用"系统""完整"这类词来表述古人的这类著作。只是三国魏时，王弼（226—249）做了编辑分章工作，成为今天人们普遍知道的版本，以后的人又加上了标点符号，难保这样的编辑不带上编辑者的思路与想法。

文字极少，通常被理解为古代语言与今天不同。但是，对这些经典著作的反复解释和翻译的事实说明，要理解这些精练的句子中的思想是困难的，并且是有歧义的。所谓结合上下文与历史语境来理解的方法，仅仅是一个相对有学术态度的措辞。理解道家思想，人们永远从第一章开始：

> 道可道，非常"道"；名可名，非常"名"。
>
> 无名天地之始，有名万物之母。
>
> 故常无欲，以观其妙；
>
> 常有欲，以观其徼。
>
> 此两者同出而异名，同谓之玄。
>
> 玄之又玄，众妙之门。

按照老子的思想，存在着一种被称为"道"的东西。尽管"道"可以用言语来表述，但它并非一般的"道"。用"名"这个字表明了"道"的形态，不过老子同时说"名"虽然可以说明，但它也并非普通的"名"。非常有趣的是，这位哲学家用"无"来表述天地混沌未开之际的状况；用"有"作为宇宙万物产生之本原的命名。他强调要常从"无"中去观察领悟"道"的奥妙，要常从"有"中去观察体会"道"的端倪。"无"与"有"这两者，来源相同而名称相异，都可谓玄妙、深远。它是理解宇宙天地万物之奥妙的终极途径。人们被告知：对非常深邃奥妙的"道"的理解需要一个从"无"到"有"的观察领悟的过程。总之，对这几十个字的研究，即使构成一本著作，也难以说清楚。汉字是象形文字，"道"的意思是一个有头的生命在走。我们将这个字理解为"路"。可是，老子的"道"不是一般意义上的路，而是指一种难以名状的自然秩序（"必然性"或者永恒的"本质力量"——借用现代的词），但是，西方人使用任何一个词去翻译这个字都是困难的。阅读道家思想，不要急于了解全部文字，事实上，如果你对其中的任何一句话有不断的理解，都能够进入对中国文化的理解，延伸、衍生、联想，甚至重构句子，以将自己已经有的知识连贯起来。这是老子文字的魅力。的确，了解道家学术要非常小心，不像儒家思想，作者的目的性非常明显，而道家思想家的文字，一旦理解不好，就有偏入玄学的可能。今天的学者当然习惯于寻找经典著作中的"规律"或"一以贯之"的思想去分类，可是，在阅读道家思想时，不如认认真真地将句子做经验化的展开和理解。例如《老子》也叫《道德经》，可是，书中的"道德"两个字要分为"道"与"德"，你可以根据"道……渊兮似万物之宗"（第四章）

或者"'道'生一，一生二，二生三，三生万物"（第四十二章）这类句子说"道"就是宇宙的本源；"德"可以简单地理解为可以直观感受的"显现"吗？按照道家主旨：这个"德"如果带上了社会的气息，就不符合要求，而仅仅是"道"的显现，又无社会要素，一个人又能够显现什么呢？毫无疑问，道家的学说不是说给自然人听的，相反，是教导一个人在社会中该如何正确地应对。"道"作为一种"本源"如果是自然的，人追求它的什么呢？"道"如果是一个人的人生道理，人生的含义究竟是什么呢？这些都是在阅读中要思考的问题。

《老子》中的文字经常出现含义对立的词、问题以及关系的设置或者暗示，例如第二章的文字：

> 天下皆知美之为美，斯恶已；皆知善之为善，斯不善已。
>
> 故有无相生，难易相成，长短相形，高下相倾，音声相和，前后相随。

无论如何，道家思想总是在一个人处于对人生的安排感到迷茫、对人与社会之间的矛盾不知如何处理，以及人生经历遭遇巨大变迁的时候被充分理解和应用。当儒家敦促知识分子遵循"修齐治平"的路线献身国家与社会时，道家则教导在"修齐治平"路上遭遇困境的人看清人生世道，不要在乎得失。最终，人必须超越于世俗社会，让自己获得彻底的自由与解放。

> 天之道，利而不害；
> 人之道，为而不争。（第八十一章）

庄子（约前369—前286）与老子的思想很相似——前者比后者晚约200年，你会觉得他们对世界宇宙问题的表述很一致：

> 夫道，有情有信，无为无形；可传而不可受，可得而不可见；自本自根，未有天地，自古以固存；神鬼神帝，生天生地；在太极之先而不为高，在六极之下而不为深，先天地生而不为久，长于上古而不为老。（《庄子·大宗师》）

所以，"道"仍然是这个世界的终极原因和终极归宿。将"道"再进行无穷无尽的描述与分析都是不为过的。可是，与老子对"道"的解释一样，庄子"万物齐一"的看法使得再复杂的问题也可以简化，多与少，有与无，同与异，就看你从什么角度去看待。那么，边界是什么呢？这就是古代的相对主义——在字、词不能完全描述各个事物的特殊性与关系时，继续辩论下去会没完没了。这样的思维方法当然会将人引向简单的归纳，并且，叙述过程中的字和词的含义与转换给人们通融和理解留下了太大的空间。比如他说"可乎可，不可乎不可"，这里"可"的意思不加以规定再作判断吗？"通行之而成，物谓之而然"，这里什么道路是走出来的，什么道路是人设计出来的？事物的名称当然是人们赋予的，那又是在说什么呢？"恶乎然？然于然。"事物为何如此，如此又如何？对于一个具体的"然"，不用再问吗？"无物不然，无物不可。"事情就是如此，没有什么事物不是对的，他们总有他们的道理。进而，世间任何事物的差异就是差异，他们总有自己的道理，不用理会。最终，一个事物的分解，就是另一个事物的完成；一个事物的完成，就是另一个事物的毁灭。所以，事物的分解、完成与毁灭，都彼此相通，浑然一致（"复通为一"）。于是，庄子干脆做了一个结论，他认为宇宙未曾有过万物的看法，是最高最智慧的领悟（"有以为未始有物者，至矣，尽矣，不可以加矣。"）。这是《庄子·齐物论》中的道理陈述，对这类不像西方哲学家那样陈述问题的句子①，人们很难继续讨论下去，但能够引发你没完没了的思考与联想。东西方在这个时期的思想家都在追寻世界和人类的本源：世界是什么？世界来自何处？世界将如何演变？人类作为一种对世界有直观、感知、反应并给予语词上的归纳的生命物，也将这一切通过文字传递给在进行相似追问的同类。

尤其是，在解释自然或宇宙力量时，庄子强调了静止与运动，对立与转化，作用与反作用的特性：

　　阴阳相照，相盖相治；四时相代，相生相杀。欲恶去就，于是桥起；雌雄片合，于是庸有。安危相易，祸

---

① 例如希腊早期哲学家泰勒斯（Thales, 公元前5世纪生活在希腊殖民地米利都）将水视为世界的本源，他的表述是"万物是水"。从判断式来看，这个"水"与道家的"道"都是本质论概念，可是，泰勒斯对水的分析涉及问题、论据、答案以及蓄意。泰勒斯注意到了世界有万物，但观察不少自然现象表明，最终那些不同的生命源于水，最后也归于水，有些东西是溶于水，对这样的观察可以将水归纳为液体和固体，从液体到固体之间，是一个不断的循环过程，这是一个可以被观察、分析和理解的物质形态，这样，变化的问题也被提上讨论的层面。泰勒斯引导我们思考，究竟什么才是不变的因素？水在不同形态之间将如何变化？最后，即便"万物是水"这个判断不符合观察与证据，但是，这同样证明对世界的理解是可以做到的，因为结论给予了后面的判断一个逻辑起点。重要的不是水，是为什么可能是水和不是水的分析逻辑。这样，人们就不会信口开河地给出任何论断，因为，这样的判断需要观察与证据——这就是西方早期哲学的出发点，思想不靠无休止的概念诠释，字与词很快被选择来以适合描述观察与分析的逻辑。

福相生，缓急相摩，聚散以成。（《庄子·则阳》）

庄子与老子一样贫困，可是，尽管他流落街巷、衣衫褴褛，却从容不迫、幽默之至。当庄子向监河侯借米，而后者说待收到领地的赋税之后再借与他时，庄子便给他讲了一个故事：昨天我在路上听见谁在叫喊，见是一条鲫鱼，躺在路边车轮碾成的槽内。我问："你怎么了？"鱼答："我是东海龙王的当差，先生，你肯救我吗？一斗水就够了，或，一升水也好！"我回道："没问题。我现在正要去游说吴越之王，然后激扬长江上游的水来迎接你，好吗？"鲫鱼非常生气："我失去了水，无处安身。我的要求不高，斗水升水就活命。可你说这些大话，还不如去干鱼店找我吧！"（《庄子·外物》）庄子就这样用很多生动幽默的故事，讲述他认为的道理。

儒家与道家的经典都需要细细阅读，这两个思想学派在发展沿革中总有相互穿凿，但是基本的差异是明显的：前者要入世——解决国家以及世俗政治问题，后者主张出世——主张观察自然、游历自然、顺应自然，所谓"无为，则无不治"的意思是不违背自然的意愿，就一切安然无恙，解决身心健康与个人问题；前者充分理解人与人之间社会关系的重要性（并通过建立一种等级制结构维系），后者主张社会也需要无为而治，否则也是乱了秩序（"天无为以之清，地无为以之宁"，出自《庄子·至乐》）；前者知其不可为而为，后者干脆放弃人在社会意义上的努力。非常值得提醒的是，儒家对体力劳动不仅缺乏兴趣，也不同程度地鄙视生产实践中的技艺，而道家却因为试图了解自然的运行和探索其神秘的根源，则完全可以不顾一切地进行炼金术的实验——虽然他们没有从方术中领悟到科学的可能性。可以想象，儒家思想的捍卫者都生活在社会中，来往于庙堂的里里外外，不出显现利害的环境，为了人编制的"义"甚至不惜杀身以便成儒家之"仁"，而道家思想的主张者，总是隐逸山林，避开人为的祸福，将清静无为，逍遥自由——儒家称他们为"逍遥隐者"——视为他们追寻的人生目标。但人是经验的动物，即便避世的愿望来自天生，在实际生活中也是难以完全做到的。所以，那些试图获得人生清静、安逸的人也时常将道家的思想留存于心，在日常可能的生活中，点滴受用，而不求全完美。更多的情况是，那些出入庙堂，在政府里做官的文人士大夫，在官场失意，甚至完全失败的情况下，又接受道家的人生态度，往往采取回到家乡的逃避路径，在田间种地，或在园圃、山林中与三五友人对酒聊天，讨论人生之不易，自然有多美，道家模模糊糊的句子"天人合一"又成为他们的口头禅。

总之，亲近自然，保持与自然的和谐相处，一直是中国人普遍的认识和心性，他们对自然之事保持极大的尊重和依恋，可以在经典的中国传统艺术山水画中获得深深的理解：人不过是自然的一部分，以至人物在自然中所处的位置是微不足道的，几乎像一棵树或一个石子那样平凡并与自然保持和谐。正如《庄子·秋水》中的文字："吾在天地之间，犹小石小木之在大山也。"① 所以，中国山水画的产生和内涵与

---

① 中国人通常所使用的"山水"一词不同于西方人的"landscape"一词，中文"山"与"水"这两个字作为自然中物理现象最早的象形符号化的表述，表明了在远古时期的人类对于"山"和"水"这两个字相对应的自然形象的认识。"山水"所提示的含义一开始也许没有边界的框定——河流蜿蜒伸向远方与山脉绵绵的起伏没有尽头，而 landscape 却是由 land（地）与 scape（景）构成，似乎是自然中某个景别。从词源学的角度追溯，最早德文 landschaft 不是表达自然的景观而是指示由政治边界给定的地理区域。通常意义的 landscape 表明了人对自然大地观看后的特殊界定——无论这个界定是否在纸、绢或布上形象化。

马尔科姆·安德鲁斯（Malcolm Andrews）在其著作《风景与西方艺术》（*Landscape and Western Art*）的 "Land into Landscape" 一章里这样写道：

'landscape',cultivated or wild,is already artifice before it has become the subject of a work of art.Even when we simply *look* we are already shaping and interpreting.A landscape may never achieve representation in a painting or photograph;none the less,something significant has happened when land can be perceived as 'landscape'.We may well follow an impulse to sketch or photograph a particular tract of land in view and call the resulting picture 'a landscape',but it is not the formal making of an artistic record of the view that has constituted the land as landscape.Whether or not we are artists,we have been making this kind of mental conversion for centuries. [转下页]

它的作者阅历、知识背景以及世界观有关。公元353年，中国的诗人们在会稽山阴（今浙江绍兴）的兰亭举行了一次具有转折意义的聚会。聚会的基本理由来自习惯，即遵循每年春秋二季在自然水边举行祭祀以消除"妖邪"的惯例。这本来不属于一种轻松的心境活动，但是，自汉代之后，在大自然里的祭祀已经演变为游玩，祭祀祛除妖邪的理由仅仅是文人们季节性的遨游的托词，他们真正的目的是喝酒吟诗，领略自然的景色，并且体验自然的清新。诗人们告诉我们：

今我斯游，神怡心静。

……

嘉会欣时游，豁尔畅心神。（王肃之：《兰亭诗》）

散怀山水，萧然忘羁。（王徽之：《兰亭诗》）

[接上页] The habit is part of the whole history of our relationship with the physical environment,and the visual tradition of landscape representation from the start has been one vital element in that relationship. （Oxford University Press，1999，P.1）按照 Malcolm Andrews 的逻辑结论：The process might, therefore, be formulated as twofold: land into landscape; landscape into art. Malcolm Andrews 对 *Landscape into Art* 的作者 Kenneth Clark 的观点进行了补充与修正。

关于词源学的解释也可以参照该书第二章 "Subject or Setting?"。总之，在西方语言世界，landscape 与物理世界的城市边界、郊区、背景的含义相关联。

屡借山水，以化其郁结。（孙绰：《三月三日兰亭诗序》）

　　这样的心境与任何时代的人渴望到自然环境中去游玩的内心几乎没有什么不同。只是，西晋末年，老庄玄学的肆意蔓延衍生出了玄言诗的泛滥，求仙与悟道成为人们进入自然的重要理由，以至对自然的赞美具有冥想或思想远游的性质。

　　直至今天，我们几乎没有得到多少关于唐代（618—907）山水画真迹的证据，尽管诗人王维（701—761）的《辋川图》和《江干雪霁图卷》经常被提及（尽管通过郭忠恕［？—977］或者燕文贵［967—1044］的临品对王维的山水画的研究可能是不可靠的）。最有可能将唐代的山水观念中的绘画因素提取出来研究的是相对宁静岁月的田园诗，而这正是王维的重要性。这位诗人在26岁就生发出了归隐田园的动机看来不是因为不得志，而是一种传统的感染。事实上，王维27岁在淇上任官，次年就弃官隐居淇上，29岁闲居长安，34岁隐居嵩山，41岁又弃官隐居终南山，天宝元年至天宝十五载（742—756）在做官的同时经营辋川别业，属于半隐生活。安史之乱后勉强为官，但居山水田园之间。他的诗也显出了面对自然的平和，例如：

空山新雨后，天气晚来秋。

明月松间照，清泉石上流。

竹喧归浣女，莲动下渔舟。

随意春芳歇，王孙自可留。（《山居秋暝》）

所以，那些《辋川图》的临品所反映的农村生活可以想象是让人感到平静的风景。朱景玄的《唐朝名画录》对王维的画进行评价时使用了"山谷郁郁盘盘，云水飞动，意出尘外，怪生笔端"这样的语句。这种接近文学描述性的评论与作品之间的关系如何对应让人困惑，以后荆浩的评价是"笔墨宛丽，气韵高清"，这里我们看到了文人画的早期内在因素。由于苏轼（1037—1101）的原因，王维的绘画被认为明显地提示出诗画同一的概念，"画中有诗"与"诗中有画"成为画论的习惯性用语，以至遮蔽了图像与文字在人的内心里产生作用的心理差异。

当然，画家一开始尊崇眼睛所看到的对象，这是绘事的一般经验。例如作为一位嗜酒好道的"隐士"，范宽（生卒年不详）被描述为"卜居于终南太华岩隈林麓之间，而览其云烟惨淡，风月阴霁，难状之景，默与神遇，一寄于笔端之间，则千岩万壑，恍然如行山阴道中，虽盛暑中，凛凛然使人急欲挟纩也"（《宣和画谱》卷一）。《宣和画谱》的作者是如何知道范宽"览其云烟惨淡，风月阴霁，难状之景"的心情以至肯定他"默与神遇"的？在宋代文人士大夫的思想完全成型之前，范宽的作品表现出五代宋初时期画家对自然的绝对真实的无与伦比的关注。就像苏立文（Michael Sullivan，1916—2013）在他的书《山川悠远》中所说的那样："范宽的意图很清楚，他要让观者感到自己不是在看画，而是真实地站在峭壁之下凝神注视着大自然，直到尘世的喧闹在身边消逝，耳旁响起林间的风声，落瀑的轰鸣和山径上嗒嗒而来的驴蹄声为止。"[1] 不过，苏东坡说："近岁惟范宽稍存古法，然微有俗气。"（《东坡题跋》）这个关于"俗气"的评语其实是对经验与事实的反感所致。

的确，五代至北宋初南北画家在皴法上的差异很大。南方自巨然后很长时间极少有知名画家，北方皴法因其皇室上下追求雄奇的风尚，在经济与权力的支持下占据主导地位，但画家因其方法的局限也在皴法上利用披麻皴表现山水。南宋时期，南北画家经历了皴法上的交融，例如刘松年、李唐、马远、夏圭四人的画作中披麻、斧劈、卷云三大皴法已交相

---

① ［英］迈珂·苏利文：《山川悠远——中国山水画艺术》，洪再新译，岭南美术出版社，1989年，第50—51页。

互用，直至最后，南北派别的差异事实上已为院体趣味所导致的方法替代。笔墨之间的分别在不同时代的画家和批评家那里被过分抽象地表述，可是一旦面对画面，我们就能在画家运用自如的皴染中感受到笔墨的微妙趣味与效果。

思想总是通过文字呈现，而被称为"文人画"①的画家一开始就与精英士大夫阶层有关，人们很容易想到苏轼这类事实上是朝廷命官的人物。在两宋时期，那些流落在民间的画家从来没有产生任何影响力，看上去与院体风格相去甚远

---

① 通常所说的"文人画"不简单等同于人们所说的文人笔墨，关于"文人"的用词也非常不同，所以将"文人画"确定为一种绘画的风格或流派是一个肤浅的错误。宋代的文人士大夫将技术放置一边，他们将自己用笔作画说成是"墨戏"，对"形似"（写实）非常轻视，而崇尚"意"境。所以"写意"两个字是一个便于区分的描述。"文人画"最早的说法也许是苏轼的"士人画"。苏轼还将"士人画"和"画工画"做了区分，认为前者注重"意气"，后者只取"皮毛"。"士人画"讲求"常理"，这样的解释与"意气"或者"性情"相关。他在《净因院画记》中提出"常理"和"常形"来区别"士人画"和"工人画"：

余尝论画，以为人禽、宫室、器用，皆有常形。至于山石、竹木、水波、烟云，虽无常形而有常理。常形之失，人皆知之，常理之不当，虽晓画者有不知。故凡可以欺世而取名者，必托于无常形者也。虽然，常形之失，止于所失，而不能病其全，若常理之不当，则举废之矣。以其形之无常，是以其理不可不谨也。世之工人或能曲尽其形，而至于其理，非高人逸才不能辨。

在20世纪20年代，陈师曾指出"文人画"不等于是文人所作的画，强调文人画是："画里面带有文人的性质，含有文人的趣味。"（《文人画之价值》，载于1921年《绘画杂志》第2期）可是，这增加了对"文人的性质"和"文人的趣味"的鉴定与分类的工作，否则就会出现问题的循环。

的文人画的合法性与持久的影响力同样也来自合法的儒家意识形态和道家人生态度的支持。文人画的最初倡导者苏轼的政治观点是，既然士大夫阶层是国家力量的主要部分，为什么不可以通过严格的儒家精神和高级的文化来提升他们的素质进而使整个政府机构的水平更加提高呢？然而，以若干经典为象征的儒家思想因知识背景和教养、政治地位与目的、集团利益与权力者目标的不同而可以有多种解释，这样，对道德品质的解释也就出现了显而易见的差异。

关于"士""大夫""文人"以及"知识分子"这些概念在不同历史时期的真正含义同样也是具有重要性的，不过，文献给我们留下的记载表明，只要我们知道在两宋时期的那些主张不同于院体风格的绘画思想和笔墨方法的人物事实上是那个时代富于责任感的儒家知识分子，知道他们总是在个人命运的不同阶段保持着圣人孔子的经典教导"士志于道……"（论语·里仁）的立场，就清楚这些文人画的主张者的基本知识与教养背景。儒家经典《大学》说：如要治国就先齐家，欲先齐家就应该"先修其身。欲修其身者，先正其心。欲正其心者，先诚其意。欲诚其意者，先致其知"。"正心""诚意""致知"都是先圣去世后数百上千年讨论理解的课题，直至朱熹的诠释被合法化与正统化。宋代理学家对技术的反感所到的程度在程颐的表述中达到极致。①

　　作为文学家，"文人画"的倡导者苏轼因为自己的天才在文学诗词书法方面都有卓越的名声。人们知道苏轼在散文领域是"唐宋八大家"之一；诗歌方面与黄庭坚（1045—1105）并称"苏黄"；而论词，他又与辛弃疾（1140—1207）并称"苏辛"；在与绘画有直接不可分割的书法领域，苏轼同黄庭坚、米芾（1051—1107）、蔡襄合称"宋四家"。这正好表明了"文人画"的一个显著特征——"文"的重要性。苏轼为人们广泛引述的《书鄢陵王主簿所画折枝二首》（其一）诗中的文字让太多的文人和研究者困惑：

　　　　论画以形似，见与儿童邻。

　　　　赋诗必此诗，定非知诗人。

　　　　诗画本一律，天工与清新。（《东坡诗集注》卷二十七）

---

① 　或问：诗可学否？曰：既学时须是用功，方合诗人格。既用功，甚妨事。古人诗云："吟成五个字，用破一生心。"又谓："可惜一生心，用在五字上。"此言甚当。问：作文害道否？曰：害也。凡为文，不专意则不工，若专意则志局于此，又安能与天地同其大也？《书》曰："玩物丧志"，为文亦玩物也。

　　问：张旭学草书，见担夫与公主争道，及公孙大娘舞剑，而后悟笔法，莫是心常思念至此而感发否？曰：然，须是思，方有感悟处，若不思，怎生得如此？然可惜张旭留心于书，若移此心于道，何所不至？（见《二程全书》）

表达"诗意"事实上是儒家教育的传统，"诗画本一律"的含义成为我们理解苏东坡观点的重点。究竟是什么让苏轼非常自信地认为诗画"一律"？苏轼在《欧阳少师令赋所蓄石屏》诗中说："神机巧思无所发，化为烟霏沦石中。古来画师非俗士，摹写物象略与诗人同。"（《东坡诗集注》卷三十）显然，诗歌中"比兴"的方法在苏轼的语词引导下进入绘画领域。

　　唐宋时期的诗词和绘画，在任何时代的中国人看来都是中国文化的鼎盛成果，即便在 20 世纪 80 年代中期现代主义运动最为激烈的时期，也没有一个先锋艺术家对此加以否认，这的确类似欧洲文艺复兴时期意大利的艺术，成为后世文学艺术没有穷尽的资源：多姿多彩，卓越非凡，精妙绝伦，通常来说，任何赞美之词都不为过。在那些不同程度呈现思想态度的作品中，我们总是能够找到儒家思想和道家的精神背景，不过，尽管盛唐时期的山水田园诗是那些由隐而仕或由仕而隐的文人创作的经典文学范例，但一切取决于文学艺术家在创作作品时所处的语境以及相应的思想状况，人们更多地认为，那些呈现了人的内心深处和普遍性心理的诗词——像南唐的李煜（937—978）的词，总是对人生的转折和生命的内在特征最深邃隽永的绝唱：

春花秋月何时了，往事知多少？小楼昨夜又东风，故国不堪回首月明中！ 雕阑玉砌应犹在，只是朱颜改。问君能有几多愁？恰似一江春水向东流。（《虞美人》）

　　这类调性与气质，自始至终都贯穿在华夏精神文明的演变过程中①——儒家的人生之道与道家的自然之道融为一体，维系至今。

---

① 例如南宋将领辛弃疾也会写出悲怆情调的词来："郁孤台下清江水，中间多少行人泪。西北望长安，可怜无数山。青山遮不住，毕竟东流去。江晚正愁余，山深闻鹧鸪。"（《菩萨蛮·书江西造口壁》）

III

　　元朝时，两宋时期的文人士大夫在宫廷的那类生活方式显然没有了。因为战争与掠杀，画家、诗人、学者离开杭州，迁移到无锡、苏州、扬州等地生活。政治上的压抑和权力的进一步丧失，连同野蛮的文化习性与醒醍的宫廷权术的控制，知识分子的心境朝着晚宋的内向性进一步发展。像苏轼早就使用了的象征与借喻自元代以后变得非常普遍。与自然紧密关联的梅、兰、竹、菊作为视觉形象的专门科目被反复表现，以表达作者的政治态度与道德情操。而这个历史时期的"复古"态度与其说是一种趣味，不如说是将其视为更为彻底的躲避与逃逸。文人们没有前方的概念，却有值得骄傲的过去，新的感受没有别的渠道去表达，就借助于历史，或者利用过去的笔墨与态度来迂回地抒发内心的复杂感受。画家们已经非常肯定绘画与真实的自然彻底分离，他们知道在笔墨和线条的功夫上就可以做趣味文章，不问自然、不问社会的习惯成为之后文化人的习惯。然而，在中国传统文明正在走向复杂演变的同时，另一个文明的发展力量渐渐显露出来。

在张骞出使西域 1300 多年后，一位叫马可·波罗（Marco Polo，约 1254—1324）的十七岁意大利青年跟随他的父亲和叔父上路启程，沿着丝绸之路朝东方而行。他当然经历过古代波斯即以后的伊朗，他当然翻越了充满危机的葱岭（帕米尔高原），当他们到达上都（今内蒙古自治区多伦县西北）时，已经耗去接近五年的时间。二十四年后，他们回到了威尼斯，次年，他因为威尼斯与热那亚的一次海上战争，被关进热那亚的监狱，在难友鲁思悌尼（Rusticiano）的帮助下，马可·波罗讲述了他们在漫长路上尤其是在中国经历的故事，这就是被翻译成数十种文字若干不同版本的《马可·波罗游记》。《马可·波罗游记》被认为对欧洲人了解东方，尤其是了解中国有巨大的作用，该书唤起了欧洲人对世界的无限想象与好奇心，事实上的确刺激了欧洲人重新认识这个世界和他们自己。之后的地理大发现①，被认为受到这本书的启发。② 无论如何，马可·波罗讲述了非

---

① 1492 年，哥伦布（Cristoforo colombo，1451—1506）远行的船上就有一本《马可·波罗游记》（这本写满了哥伦布的注释与批语的拉丁文版本的书现收藏在西班牙塞利维亚大教堂（Seville cathedral）的哥伦布图书馆）。

② 不过，在不同的译本里，不同的翻译者根据市场的需要对书有不同程度的删减与增加。然而，最初的手稿已经遗失，这使得人们对之后的版本甚至 [转下页]

常细微的中国故事，政治、军事、财富、宗教、日常生活以及民间风情，都是欧洲人爱听的东方神话。不过，完成一次从中原地区到意大利威尼斯的贸易所需要的时间是漫长的，中间可能要经过若干自然灾害、盗匪劫夺、部落战争、地区瘟疫导致的致命侵袭，可以想象，成本由此而不断增加，陆地上的各种艰险与困阻都成为漫长的历史中人们始终挥之不去的恐惧与发展各种交流的实际阻碍。这条路被打通一千多年后，马可·波罗一家在路上的经历仍然坎坷不已，耗时费力——他们在西域艰辛的遭遇甚至接近死亡，他们能够回到

［接上页］马可·波罗三人的经历的真实性有不同程度的质疑。中国人在19世纪后半叶才开始得知有这样一部欧洲人介绍中国的游记。例如，1853年香港出版的《遐迩贯珍》（*Chinese Serial*）10月1日第3号刊载的《西国通商原委》中讲述："当日抵中土首出之人名马歌坡罗，泰西各国皆称之为游行开荒之祖。"

为提示马可·波罗的文字的真实性，针对游记中第一四三章介绍"扬州城"的一段文字——"居民是偶像教徒，使用纸币，恃工商为活。制造骑尉战士之武装甚多，盖在此城及其附近属地之中驻有君主之成兵甚众也"，翻译家冯承钧（1887—1946）附加了一个注释：

马可·波罗离中国后约三十五年，修士斡朵里克亦曾经过扬州，而写其名作Iamathay、Iansu、Ianzu种种写法。曾见"城中有方济各派（frères mineurs）之修道院一所，与夫其他教士之礼拜堂数处，惟此种礼拜堂是属于聂思脱里派（唐代传入的基督教别景教——引者）之礼拜堂。此城甚广大，其户至少有四十万，亦云有五十二万。凡基督教团所需之物皆备。君主每年在此城征收赋税五十万巴里失（balich），每巴里失合一佛罗铃（florin）半（约值十七弗郎半）。……城中有船舶甚众"（戈尔迭本《斡朵里克行纪》第358—359页）。（见［意］马可·波罗《马可·波罗行纪》，冯承钧译，上海书店出版社，2006年，第316页）

家乡，都让人们感到难以置信。可以肯定，人类在选择生存与发展的方式与路径时，总是会通过智慧去发现新的可能，所以，仅仅限于通过陆路进行贸易与信仰传播的历史当然会被改变。

于 1492 年 10 月 12 日发现美洲的哥伦布从小喜欢阅读《马可·波罗游记》，探险与对财富的向往让哥伦布最后不是到达了亚洲而是美洲——尽管他一开始认为他到达了"黄金遍地，香料盈野"的东方世界。这个事件当然是决定性的，然而，当发现新世界的信息传递到了欧洲时，引发了葡萄牙与卡斯蒂利亚（今西班牙）之间巨大的冲突，最终，这两个欧洲王国在 1494 年 6 月 7 日签署了《托尔德西里亚斯条约》，他们天真但充满野心地认为：通过这个条约可以瓜分整个世界。[①] 实际上，早在 15 世纪下半叶，葡萄牙王室就开始努力

---

① 1454 年，教皇尼古拉五世（Nicholas V, 1397—1455）颁布敕书，同意将葡萄牙人在非洲海岸发现的领土送给葡萄牙人，西班牙对葡萄牙帝国的霸权极为不满。1479 年，双方签署了《阿尔卡索瓦斯条约》表示了和解，规定葡萄牙的范围限于"迄今发现的所有岛屿，以及从加那利群岛向南到几内亚之间今后可能发现或攻占的其他岛屿"。然而，哥伦布的新发现完全颠覆了人们对世界的想象。在葡萄牙看来，哥伦布发现新大陆应该被视为西班牙违背了罗马教皇所批准的相关权利。但出于传播天主教信仰和扩大教会的势力，罗马教皇亚历山大六世（Alexander VI, 1431—1503）同意了西班牙占领哥伦布发现的全部土地。为了调解葡萄牙和西班牙的冲突，1494 年，两国签订了《托尔德西里亚斯条约》，教皇亚历山大六世实行仲裁，同意在佛得角以西 370 里格处划界，也称"教皇子午线"。［转下页］

让航海家或冒险家去实现向东方的探索，被称为"完美君王"的若昂二世总是不遗余力地支持延长葡萄牙能够知道的海岸线，哪怕再多的船员死在危险而艰辛的路上。直到 1499 年 7 月 10 日，当达·伽马（Vasco da Gama）带领仅剩三分之一成员的船队从印度卡利卡特回到欧洲在里斯本附近的卡斯凯什靠岸时，意味着这个世界的格局将立即发生根本的变化。的确，《托尔德西里亚斯条约》驱使葡萄牙王室开始全力发展通往印度的海上探险，试图通过海路获得贸易的主动权的竞争，是 15 世纪末 16 世纪初在葡萄牙和西班牙王国之间为争夺财富而开展的惊险而疯狂的游戏。[1] 基于宗教、财富和文化上的

［接上页］线东新"发现"的土地属于葡萄牙，线西划归西班牙，共同垄断欧洲之外的世界。尽管两个王国用于分割世界势力范围的地图没有保留下来，但是《托尔德西里亚斯条约》一直影响着欧洲数百年的殖民政策。

[1] 尽管在 15 世纪末意大利的威尼斯仍然被视为"通往东方的门户"，但是在一封写于 1502 年的日记里，威尼斯商人吉罗拉莫·普留利针对购买香料的人正在从威尼斯转向里斯本时惊恐地写道："因此，我清楚地看到了威尼斯城的覆灭。"杰里·布罗顿（Jerry Brotton）在他的《十二幅地图中的世界史》里有一个归纳：

在十六世纪中期鼎盛时期，葡萄牙帝国一年派遣前往亚洲的货船超过 15 艘，平均每年运回 2 000 多吨货物，到十六世纪末期时几乎增加了一倍。在葡萄牙进口的货物中，将近 90% 是印度次大陆的香料，胡椒在这些香料中占比超过 80%。到了 1520 年，这些进口货物带来的收入大约占葡萄牙王室总岁入的 40%，这还不包括葡萄牙在遍布印度洋的海外领地上征收的进出口贸易关税。流入里斯本的财富和葡萄牙王室的岁入让这个王国一跃成为欧洲最富有的帝国之一。葡萄牙的财富和权力不再仅限于对土地的占有，而是对离帝国中心几千公里之遥的商贸网络握有战略控制权。不同于以往建立在夺取和控制土地上的帝国，这个新型帝国建立在水上。［转下页］

竞争而产生的冲突和战争在达·伽马的航行之后变得更加复杂与尖锐，以致为获取知识和信息的现代间谍战开始从地图的绘制、盗取和复制等方面全面展开。[1]

就在哥伦布准备驶向充满不确定性的新大陆之前，德国人贝海姆完成了地理学最重要的作品"地球苹果"[2]，这给雄

[接上页]（[英]杰里·布罗顿：《十二幅地图中的世界史》，林盛译，浙江人民出版社，2016年，第145页）

[1] 针对已经看到的葡萄牙与威尼斯之间事实上发生的掌握东方贸易控制权的竞争，在一封由威尼斯驻卡斯特蒂利亚大使的秘书于1501年8月写给朋友的信中，透露了威尼斯人如何渴望获得有关前往印度的地图资料的心情和获得的困难程度：

我们每天都盼望着我们的医师的到来，他把我们尊敬的大使留在了里斯本；在我的要求下，他写了一段从卡利卡特航行返回（葡萄牙）的简短说明，我会抄送一份给阁下。我们不可能获得整个航程的地图，因为国王下令，任何泄露地图的人都将被处以死刑。

不到一个月，这位秘书又写了一封间谍工作取得进展的告知信：

如果我们活着回到威尼斯，阁下会看到远至卡利卡特及更远的地方的地图，那里距离卡利卡特不及从这里到佛兰德斯之间距离的两倍。我向阁下保证一切都很顺利；但阁下最好不要将此泄露。可以肯定的是，等我们回来后，您将知道许多细节，就像亲自去过卡利卡特和更远的地方一样。（[英]杰里·布罗顿：《十二幅地图中的世界史》，林盛译，第146页）

[2] 公元前3世纪，希腊天文学家认定"地球是圆的"。1492年，德国航海家马丁·贝海姆 (Martin Behaim) 与画家乔治·格洛克登（Georg Glockendon）合作，制造出世界上第一个地球仪，即 Erdapfel（德语），意思是"地球苹果"。这个地球仪由两个亚麻半球组成，外围用木头加固，格洛克登手绘地图覆盖其上。尽管该地球仪因哥伦布尚未回西班牙而未包括美洲，并且也有不准确的地方，例如日本（古语 Cipango）画的比实际面积大并且位置往南偏离了不少，却构成了今天人们熟悉的地球概念：巨大的欧亚大陆、位于亚洲和欧洲之间的海洋以及圣布兰登岛。地球仪一直放置于纽伦堡市政厅的接待大厅，直到16世纪后，才还给了贝海姆家族。[转下页]

心勃勃的麦哲伦以极大的启发，麦哲伦带领的环球航行（1519年9月22日—1522年9月8日）的成功 [1] 彻底改变了欧洲人对人类生活的世界疆域的看法——对人类生存的这个世界开始从平面转向球形的认识，一场通过水路争夺全球疆域的竞争在东西半球全面展开。

不过，通过海上游行不同国家的先例早在哥伦布发现新大陆八十七年前就有了。1405年，船只规模与船员的数量远胜麦哲伦船队数十倍的中国船队从南京启航，开始了此后近三十年共计七次的南海、印度洋的远航。统帅这七次海上远航的是大航海家郑和（1371—1433），他于第七次远航时（宣德八年［1433］）在海上去世。与之后欧洲人航海探险的目的不同，郑和船队的远航不是为了收获财富，而是希望通过庞大的船队彰显中国的强大国力，建立并巩固朝贡体制，即让世界知道：中国地大物博，物产丰富，无须外来的任何帮助，是世界无可匹敌的中心。的确，郑和的旗舰船船身长超过四十米，排水量被认为接近一万吨，到了第四次远航时（永乐十一年至十三年［1413—1415］），中国船队拥有超过两

［接上页］1907年，地球仪又被运回了纽伦堡日耳曼博物馆。

[1]　尽管麦哲伦在1521年4月登上麦克坦岛时，被当地部落打死，且237名船员大多数陆续在路上遇难，但最终有18位船员于1522年9月8日抵达塞维利亚。他们告诉卡洛斯一世："我们向西出发，却从东方回来了。"

百艘船只，并按照职能进行了分工，最后一次远征的人员超过 2.7 万人[①]，然而，满载瓷器、丝织品等昂贵货物的中国船队，换回的货物是价值与送出的中国物品并不相称的东西——尽管带回的长颈鹿受到一再赞叹并被绘制成画。郑和与他的皇帝朱棣（1360—1424）也许有巩固朝贡体制的打算，郑和不仅介入苏门答腊的内部纷争，还为处于马六甲海峡要塞的满剌加国王摆脱阿瑜陀耶的控制提供了军事上的支持，以奠定远航的一个重要中转站。但是，早在 1371 年，明太祖朱元璋（1328—1398）就有阐释，并于晚年的《皇明祖训》中规定：

> 四方诸夷皆限山隔海，僻在一隅，得其地不足以供给，得其民不足以使令。若其自不揣量，来扰我边，则彼为不祥；彼既不为中国患，而我兴兵轻伐，亦不祥也。吾恐后世子孙倚中国富强，贪一时战功，无故兴兵，致伤人命，切记不可。（《皇明祖训·祖训首章》）

在 1371 年，皇帝还说过："古人有言，地广非久安之计，民劳乃易乱之源。"（《明太祖实录》卷六八）显然，扩大

---

① 1518 年春天，西班牙国王卡洛斯一世（后为神圣罗马帝国皇帝查理五世）为麦哲伦环球远行提供的支持只有五艘船。

疆域不是明朝政治包括经济的基本意图。同时，也没有资料表明中国皇帝朱棣和他的远航负责人郑和像葡萄牙和西班牙国王以及那些具有冒险精神的航海家那样，渴望无限扩大自己的疆域和财富，带着天文学家、制图师以及那些不怕死的海员探索并毫无止境地驶向未知的领域。归纳地说，基于中国的富有与强大，基于过度开放会给中国带来内部秩序的不稳定，中国完全没有兴趣通过陌生的航程去寻求可能性。

让人感到吃惊的是，尽管《马可·波罗游记》在欧洲已经出版了近两百年的时间，不同语言的版本也四处可见，可是，直到 1508 年，欲从海路前往中国的葡萄牙人对中国的了解还接近于一无所知①，葡萄牙国王唐·曼努埃尔一世（D.Manuel Ⅰ, 1469—1521）指示 4 月启程去"发现"马六甲的塞魁拉（Diogo Lopes de Segueira）：

项目——你要询问中国人（Chins——该称谓来自印

---

① 早在 1425 年，葡萄牙航海家恩里克（D.Henrique,1394—1460）的哥哥佩德罗王子就访问了威尼斯，在了解海上商业活动及航海设施之后，就带回了一本《马可·波罗游记》。在 15 世纪后半叶，D.Duarte 图书馆已经拥有两部马可·波罗著作的抄本。1502 年，德国印刷商瓦伦丁·费尔南德斯（Valentim Fernandes）在里斯本出版了《马可·波罗游记》的葡文本，其时正值达·伽马第二次赴印度的前夕。但葡王交代给塞魁拉的任务似乎表明他对中国没有任何的了解。

度人）他们来自何处，有多远，何时来到马六甲，即他们去做贸易的地方，而且他们携带的货物，以及每年他们有多少艘船到来，并及他们船只的型式，又如他们是否同年返回，在马六甲或其他地方是否有商站或商铺，而他们是不是富有的商人，他们是软弱的人或是战士，他们有没有武器或大炮，他们穿什么衣服，他们是不是身体强壮，还有其他有关他们的信息，以及他们是基督徒还是异教徒，他们的国家是不是大国，是不是他们只有一位国王，那里有没有不奉行他们法律或信仰的回教徒或其他人，同时，如他们不是基督徒，他们信奉或崇拜什么，他们遵循什么风俗，他们的国土扩展到什么地方，他们和什么人临近。[①]

塞魁拉于 1509 年 9 月 11 日抵达马六甲，也发现了有三艘中国人的船只，但他没有获得关于中国的更多信息，于 1510 年回到葡萄牙。1511 年，葡萄牙占领了马六甲，这为葡萄牙使节不久后访问中国埋下了失败的伏笔，因为，这些对中国无知的葡萄牙人直接破坏了明朝朝贡体系（Fributary

---

① 参见 D.Ferguson: *Letters from Portuuees Captives in Canton,The Indian Antiqary*,1902,序言部分。

system）的利益与格局，尽管这个时候的中国皇帝也完全没有意识到东方亚太 – 印度洋区域的贸易网络将必然发生根本性的改变。1517 年，由费尔隆·伯列士·德·安德拉吉（Femão Peres de Andrade）率领的船队护送首位葡使多默·皮列士（Tomé Pires, 1465—1524/1540）[1] 前往中国。8 月 15 日，作为葡萄牙国王委派的总船长，安德拉吉携带了葡萄牙国王表示和平友好的信函，到达外国人必须停留、距离广州城约三十里的屯门岛（即葡萄牙人所称的"商业岛"[Beniaga]），葡萄牙人告知中国海军将官需要中国的海军首领备倭[2]安排提供领航员，指引船只到达广州城。然而，安德拉吉被告知：没有该城长官的命令不能够成行进城。若干天之后，安德拉吉吩咐向备倭送礼，仍然无果。多次交涉无效之后，安德拉吉决定单方面安排船只前往广州，不料，旅途中遭遇风暴，船只受损。安德拉吉安排修整两艘船前往南头港，面见备倭申请进入广州城。9 月底，葡萄牙人获得许可前往广州城。经过了广州最

---

[1]　多默·皮列士是若昂二世的药剂师。1511 年前往东方，先到印度，最后到达马六甲。他撰写了第一本由葡萄牙人介绍亚洲的《东方记》，书中专门有中国一章，尽管他只是通过间接知识了解中国，书中尤其介绍了中国的朝贡制度。这使得皮列士有资格被任命为葡萄牙派往中国的第一任使臣。
[2]　备倭，官名。明朝时因倭寇入侵，乃专设备倭一职于沿海要害处，以进行防御。——编注

高管理者的一场显示权威与帝国尊严的表演之后，安德拉吉得到广州大官都堂的造访许可——这是葡萄牙人与中国官员交往的开始。①

然而，葡萄牙人和中国人之间因礼仪习俗和文化背景的不同，加上双方中都有人缺乏必要的道德操守和基本教养，导致中国皇帝对葡萄牙使团真实的贸易意图不是轻视就是怀疑，尤其是，马六甲不断传来关于葡人占领满剌加破坏早已建立起来的朝贡秩序并且扰乱民生的案例，要求明朝政府给予惩办 ②，结果，这次葡萄牙使节要求觐见中国皇帝，与中国建立通商贸易关系的目的没有达到，出使非常失败：多默·皮

---

① 明朝朝贡体制形成之前，海外国家的船只完全不被允许进入中国。正是朝贡体制的开始，中国允许葡萄牙使节可以"以进贡为名"进入广州。这种贸易规则的不对称性决定了这次中国在葡萄牙使团访问时失败。

② 在一封给中国皇帝的信中，满剌加王描述了葡萄牙人在当地的作为，并表达了他对葡萄牙人的极端愤怒与绝望：

佛郎机人（中国人对葡萄牙人的称呼，估计为阿拉伯人对欧洲人的叫法"Feringhi"一词的讹音——引者）是大胆的强盗，大批闯入满剌加侵占土地和大肆破坏，杀死许多人和进行抢劫，又把许多人投入监狱。留在当地的人处于佛郎机人统治之下，因此，满剌加王悲伤、烦恼，在极大的恐惧下带着中国皇帝颁给的印玺逃到了宾坦，现在仍在那里。而我的兄弟们和亲属们逃往其他地方。现在中国国土上的葡萄牙使臣是个骗子，没有诚意，是来欺骗中国的国王，恳请中国皇帝赐怜，满剌加国王怀着悲伤的心情献上礼物，请求给以援兵和救兵，去收复失去的国土。（转引自万明《中国融入世界的步履：明与清前期海外政策比较研究》，故宫出版社，2014年，第189—190页。原书引自 *Cartas dos Cativos de Cantao:Cristovao Vieira e Vasco Calvo(1524)*, pp.35—36）

列士沦为囚犯，最终也死于中国。[①]

在 16 世纪葡萄牙学者、史学家巴洛斯的《亚洲》[②]第三卷书，卷一第Ⅶ章"记中国的土地及其中的情况，主要记广州城，费尔隆·伯列士发现的地方"里，有这样一段关于中国长城的描述：

> 现在我们只谈一谈这个中国地方的一个奇迹，那就是在横越它的维度上，也就是按我们推算土地的经线间最长度上，43 度和 45 度间有一道城墙，始自西方一座叫作嘉裕（Ochioy）的城池，该城位于两条极高的山岭之间，像是当地的山口和门户，并向东伸延，直到为另一条大山脉所包围，达到东海滨的海角。长度看来有二百多里格。据说这道墙是所说中国地方的国王为防御我们叫鞑靼，他们叫作达达或鞑子（Tancas，另一种叫法）的民族而下令修筑的，尽管墙外以北尚有夺取这些达达人的国土。

[①] 大约是 1513—1519 年期间出版的《东方地理学》是由航海家和地理学家弗朗西斯·罗德里格斯（Francisco Rodrigues）编写的，这本书显然是作者在印度和香料群岛搜集大量信息而不是像过去的欧洲人那样依赖想象的结果，他在编写从马六甲到广州的中国航行手册《中国航线》中，第一次在地图里用"China"这个名字来指代中国。

[②] Joao de Barros: *Asia*，又名 *Decadas*（《亚洲十卷书》），第 1552、1553、1563 页。

这道墙绘在由中国人自己制作的一张该国土地的地图上，其中所有的山、河、城、镇的名字，用他们的文字标出。[①]

尽管这里的记录并不十分精确和具体，但是，这是自马可·波罗和元代的欧洲作家以来第一次对中国长城的记录。这说明，只有那些新一代的冒险家到达中国时，才有可能看到中国的真实模样，而这种观看还远远没有触及这个具有悠久历史且文化高深的国度的基本细节。

早在秦汉时期，中国有了基于政治和经济绝对优势的朝贡模式[②]，在历代帝王看来，外国之君不过是中国君王之臣，之间为宗藩从属关系。中国帝王总是通过军事保护和财物给

---

① 转引自 [葡萄牙] 巴洛斯、[西班牙] 艾斯加兰蒂等著《十六世纪葡萄牙文学中的中国 中华帝国概述》，何高济泽，中华书局，2013 年，第 27 页。

② 涉及朝贡体系，可以追溯到公元前 3 世纪。最初，中原王朝的君主在与周边地区的力量相处时，采取册封，其实是基于力量相对强大但保持与周边和睦相处的一种形式。"普天之下，莫非王土"的"天下"概念在周朝出现，但事实上不过是一种说法。之后，中原不断扩大，册封的范围随之变化，这个过程也形成所谓"华夷之辨"(所谓华夏民族与周边民族之间的界限划分)。汉武帝击败匈奴，通使西域之后，以中原王朝为中心的朝贡关系逐渐明显。《汉书》卷六《武帝纪》颜师古注："凡言属国者，存其国号而属汉朝，故曰属国。"属国行政地位与西域都护相似。不过，基于政权更迭，这种朝贡关系并不稳定，从公元 291 年直至元代，除了隋唐时期，朝贡关系不显现。事实上，作为稳定而系统的朝贡制度，到明代才得以建立。1371 年明太祖朱元璋将朝鲜国、日本国、大琉球、小琉球、暹罗国、苏门答剌、西洋国、爪洼国等 15 国列为"不征诸夷"。

赐的方式来维系天下和睦太平，进而保持宗主国的绝对权威地位。因为势力的绝对强大，所以，皇帝宁可给赐藩国更多，而不计较其纳贡的多少，以展示自己仁慈、宽厚以及慷慨的形象。中国皇帝认为自己是世界的家长，就像父亲赐予儿女物品一样，无须计较，以致"厚往薄来"成了中国君主的骄傲与伟大风度的体现。不过，秉持"凡日月所照，无有远近，一视同仁"（《明太祖实录》卷三七）的原则，当然是在绝对服从中国至高无上的权威的前提下才是可能的，对外进行册封也是基于主次或居高临下的秩序，而这在葡萄牙方面是做不到的，尽管葡萄牙方面也表现出礼貌与尽可能的耐心。事实上，明代的朝贡体制是一种国家垄断海外贸易，将政治外交与贸易往来融为一体的专制体制，因此，采取给赐、纳贡的方式进行贸易都是葡萄牙方面不习惯和不认可的。在明朝前期，国家严格禁止中国商民出海与外来商船贸易，而对于葡萄牙人来说，贸易应该是自由进行的，这就能够解释为什么明朝皇帝对葡萄牙人的要求缺乏明显兴趣，而葡萄牙人对中国的不合作缺乏准确分析[1]，这时，两个贸易系统之间没

---

① 葡萄牙人了解朝贡制度，但是，在 16 世纪初，由于朝贡体制的衰落，民间海外贸易开始成长，加上中国政府放松了民间与海外商船之间的互市贸易，使得那些初到中国的欧洲人多少有些错觉，忽视了朝贡船与民间商船之间的性质差别，以为自由的贸易不应该成为问题。的确，这时与明朝仍然保持着宗藩联系的满剌[转下页]

有任何转换的可能，友好通商的关系很难建立。

葡使访华的失败，导致三十多年后两国关系才得到缓解。但拒绝葡萄牙与中国之间的贸易往来，使得不甘心失败的葡萄牙商人转而去福建（如漳州）、浙江（如宁波）一带进行非法商贸，甚至卷入"倭患"①之中，这无疑加深了明朝对葡萄牙和欧洲商人的不信任，进而强化了"海禁"政策，以致到了1525年8月，明政府甚至下令查禁双桅海船。1529年12月，官方又发布：任何私藏"番货"或建造大船的海民，将受到"重治"。结果，无论是自造或租赁船只，还是招引海外商船，甚至与海外官方机构合作，均被严禁。②这种与日益增加的海上贸易不呼应的政策激起了民间社会的普遍不满，中国民间人士加入海上走私贸易甚至加入"倭寇"队伍的人

[接上页]加事实上已经与多国开始了自由的贸易，在郑和下西洋试图扩大朝贡贸易时，满剌加的港口就已经在接待来自开罗、麦加、亚丁、土耳其、印度、中亚以及东南亚各国的商船。

① 日本从建文三年（1401）到嘉靖二十六年（1547）遣使贡船船队共计十八批。不过，嘉靖二年（1523），日本大内氏与细川氏两个集团在宁波发生"争贡"冲突，导致明政府关闭宁波的市舶司，停止与日本的朝贡贸易。之后，"倭患"（由日本人主事的海上非法商盗活动）渐起。

② 通常认为，与元末明初的日本海盗单纯掠夺不同，明代嘉靖年间的"倭寇"由日本海盗、葡萄牙海盗商人和中国海盗兼海商集团构成，有对抗政府海禁政策、争取自由贸易的性质。这是全球海上贸易初创时期，对于那些参与海上贸易竞争的人来说，海上的无政府状态存在着巨大的风险，因此"亦商亦盗"的现象非常普遍，同时，海上贸易的迅速崛起，使得明朝海禁政策的合理性遭遇不断的挑战。

络绎不绝①，与外人混杂一起使沿海城市不仅增加了新的不稳定因素②，也迫使民间力量在非法的情况下尽可能扩张自己的势力，被称为"倭寇王"的汪直（？—1559）是一个典型案例。王为徽州商人，官军的围剿使他逃往日本发展自己的势力，逐渐成为浙江和福建沿海的走私大户，他甚至雇用了"真倭"，这表明了他的能力非凡。为了争取海上贸易的合法性，

---

① 有关民间加入倭寇行列的文字当时颇多记载。例如《筹海图编》卷一二《散贼党》述：

海寇之聚，其初未必同情。有冤抑难理，因愤而流于为寇者；有凭借门户，因势而利于寇者；有货殖失计，因困而营于寇者；有功名沦落，因傲而放于寇者；有佣赁作息，因贫而食于寇者；有知识风水，因能而诱于寇者；有亲属被拘，因爱而牵于寇者；有抢掠人口，因壮而役于寇者。

《吾学篇》卷六七《皇明四夷考》述：

小民迫于贪酷，苦于役赋，困于饥寒，相率入海为盗；盖不独潮、惠、漳、泉、宁、绍、徽、歙奸商而已。

《嘉靖东南平倭通录》之《倭变事略》述：

自嘉靖元年罢海舶，凡番货至，辄험与奸商。久之，奸商欺冒，不肯偿，番人泊近岛，遣人坐索，不得。番人乏食，出没海上为盗。久之，百余艘，盘踞海洋，日掠我海隅不肯去。小民好乱者，相率入海从倭。凶徒、逸囚、罢吏、黠僧及衣冠失职、书生不得志、群不逞者，皆为倭奸细，为之向导。于是王五峰、徐必溪、毛海峰之徒，皆我华人，金冠龙袍，称王海岛；攻城掠邑，莫敢谁何。浙东大坏。

② 1556年到过中国的葡萄牙多明我会传教士加斯帕尔·达·克鲁斯在他的《中国志》中有这样的记录：

和葡人一起的中国人，以及其他葡人，无法无天，开始劫掠，杀了一些百姓。这些恶行不断增加，受害者呼声强烈，不仅传到省里官员，也传到了皇帝那里。

（Gaspar da Cruz: *Tractado em que se Cotam Muito Esteso as cousdas da China,co suas Particularidades*, e assi do Reino de Ormuz, Cap.23）

他与明政府当局讨论"开港通市",以便减少倭寇与海盗走私。当局答应"姑容互市",使汪直投降回归。然而,1559年,汪直仍被官方斩首,并于杭州官巷口闹市示众,这导致倭患愈发严重。

当然,官方内部关于开海还是禁海的争论一直都有,涉及是否闭关绝贡、开放民间海外贸易的问题争议不休,最终,1567年,无法海禁的现实促使明政府宣布在福建漳州月港开设中国商民出海贸易港口,进行设关管理。在此之前,由于遭受打击和围剿,1549年之后,葡萄牙商人又在福建、浙江与广州之间来来回回,仍然因为不合法而受到中国官军的打击,但直至1553年,葡萄牙船长苏萨(Leonel de Sousa)与中国地方官员交涉并获得后者的允许,葡萄牙人可以借濠镜澳(澳门)与中国通商;1557年,葡人开始"筑室"留居澳门①;1582年,两广总督陈瑞同意,在葡人"服从中国官员的管辖"的前提下,可以正式居住澳门②;1583年,由卡内罗

---

① 在一本西方人撰写的澳门史著作中是这样认定的:

在1557年,葡萄牙人会聚在澳门,因为中国地方官员允许这些外来者在那以阿妈港命名的"荒岛"上居住。(A.Ljungstedt: *A Historical Sketch of the Portuguese Settlements in China*. p,9)利玛窦(Matteo Ricci, 1552—1610)在他的《中国札记》的第二章"耶稣会士再度尝试远征中国"里对此也有记录。

② 利玛窦在他的《中国札记》里颇为具体地描述了陈瑞如何利用手中的权力谋求私利,同意葡萄牙商人和传教士留驻澳门。在第三章"1582年传教士三度被[转下页]

（Melchior Carneiro）主教主持的澳门议事会成立，这一系列的变化，很快使澳门成为16世纪后半叶到17世纪上半叶全球贸易的重要据点。

［接上页］允许进入中国，但未能建立居留点"里，利玛窦这样描述道：

　　作为向总督（陈瑞——引者）表示好意的献礼，以免他可能干扰贸易，澳门人士（葡萄牙人——引者）赠送给他一批礼物……总值超过1 000金币。总督以盛大的排场接待代表们，意在威吓他们。但当他看见备的这一紧要关头之用的礼物时，他的傲慢态度顿时消失了。于是他笑着通知他们，该地的一切情况可以照旧继续下去，但当然服从中国官员的管辖。这不过是一套惯用的官样文章，因为澳门的葡萄牙人是受葡萄牙的法律管辖的，而住在那里的其他民族则各行其是。甚至中国人变成基督徒时，也不穿自己的中国服装而是像欧洲人那样打扮。其他中国人则服从广东政府派驻那里的官吏。

　　再谈那位总督或长官。他坚持说，他绝不能收了东西不付钱，并且向翻译询问每件礼物的价值，当着下人的面吩咐秤出该付银子的总数。他这样做，是因为该省严行禁止政府官吏收受这种礼物。后来，他又偷偷地派人去见他的客人，告诉他们说，他给他们的那笔银子是要买一份他们的珍品，这另一份要私下交给他本人。……（［意］利玛窦、［比］金尼阁：《利玛窦中国札记》，何高济等译，广西师范大学出版社，2001年，第103—104页）

　　同时，可以想象，这种不是通过正式政府公文批准的事务，也会因为政府官员的人事变动而发生变化。利玛窦也记录过总督更换后的情况，当新任总督郭应聘上任时，在城门发布有他本人盖印的告示：

　　除有关本省公益之其他事项而外，兹将与我们迫切攸关并涉及澳门居民之事理合通知如下。据各方严讼，现在澳门犯罪违法之事所在多有，皆系外国人雇用中国舌人所致。此辈舌人教唆洋人，并泄露我国百姓情况。尤为严重者，现已确悉彼辈竟教唆某些外国教士学习中国语言，研究中国文字。此类教士已要求在省城定居，以求建立教堂与私宅。兹特公告，此举有害国家，接纳外国人决非求福之道。上项舌人倘不立即停止所述诸端活动，将严行处死不贷。（转引自［意］利玛窦、［比］金尼阁《利玛窦中国札记》，何高济等译，第109页）

1575 年，西班牙人到达中国，他们希望争取到像葡萄牙占据的澳门那样的港口，从事贸易和传教。1598 年 8 月，西班牙的菲律宾总督遣人到中国，正式谋求通商，在没有经过中方同意的情况下，试图在虎跳门"结屋群居"，但终究没有成功。1602 年，荷兰组建"荷兰东印度联合公司"（Verenig de Oostindische Companie），次年前往中国谋求通商，也未能奏效。1622 年，荷兰人联合英国，试图通过武力谋求与中国通商，荷兰受到了有葡萄牙人参加的中国军队的抗击，荷兰失败后又占领澎湖；1624 年，荷兰人被福建军队驱逐，转而占据中国台湾。

IV

　　尽管《托尔德西里亚斯条约》已经认定了葡萄牙与西班牙试图瓜分世界的边界，但是，利奥十世在 1515 年 11 月 3 日发布的通谕中进一步明确：赋予葡萄牙发现、占领以及将要占领的土地——"从博哈多尔角到印度，不论位于何处，甚至是今天未知的地方"——的特许权，任何人在这个范围内贸易、捕鱼甚至航行，须经得葡萄牙国王的准许。可以想象，作为对这个特许权的回报，葡萄牙国王要为天主教向新领域的发展提供经费、建设教堂和派遣传教士。大发现之后，商贸与信仰搭配进军远东丝毫不勉强和让人感到意外，《巨人的一代：明末最后几十年耶稣会士在中国的故事》（*Generation of Giants: The Story of the Jesuits in the Last Decades of the Ming Dynasty*）的作者邓恩（George H.Dunne）没有忘记提醒说：

　　无须怀疑大发现时代众多西班牙和葡萄牙统治者真正的宗教热情。他们是宗教信仰非常强烈和狂热的人，他们怀有扩展天主的王国的高度责任感。这使得鼓动罗马教廷对此事业给予支持成为了现实。[①]

葡萄牙以及其他试图前往新世界的欧洲人对"印度""中国""远东""亚洲"的无知是惊人的,当天主教获得了罗马时期的扩张以及本笃会完成了欧洲文明的基础秩序之后,他们一开始以为已经完成了信仰的全面覆盖,与文化水乳交融的宗教似乎所向披靡。大发现让他们感到震惊和兴奋,既然人类所占有的空间远不止于他们过去所知道的范围,一个新的传教阶段开始了。

一开始,在欧洲建立了共同价值观的天主教的传播者带着已经树立起来的"欧洲人主义"的姿态跟随商人前往新发现的土地,不过,他们很快就发现自己对打开中国大门无能为力。例如在1563年,在澳门的葡萄牙人超过900人,有8位耶稣会会士已经在这里开始了他们的工作。然而,当会长于1565年向中国广东官员申请进入中国传教时,他被礼貌地拒绝了。三年后,一位在试图进入中国传教毫无建树的西班牙籍耶稣会士瑞贝拉(Juan Bautista Ribeira)带着粗糙甚至野

---

① 本书转引自中文版。[美]邓恩:《从利玛窦到汤若望:晚明的耶稣会传教士》,余三乐、石蓉译,上海古籍出版社,2003年,"著者前言"第6页。

蛮的心情向总会长说："让中国人改变信仰是没有希望的。除非是依靠武力，在军人的面前给他们指出这条道路。"同样的话不止一个人说，有一个叫阿法罗（Alfaro）的传教士甚至说出这样一种话来："没有士兵的介入而希望进入中国，就等于尝试着去接近月球。"[①] 直到意大利耶稣会士范礼安（Alessandro Valignano,1538—1606）于1577年10月到1578年7月在澳门留驻考察，新的传教策略产生了。范在给总会长的信中说："进入中国唯一可行的方法，就是调整我们的策略，采取一种与迄今为止我们在其他国家完全不同的方法。"[②] 跟着于1579年7月到达澳门，次年11月就到了广州的意大利耶稣会士罗明坚（Michele Ruggieri, 1543—1607）收到范的第一个建议，就是学习中文。当中国的官员与葡萄牙商人会谈时，总要邀请罗明坚参加，因为罗开始理解并尊重中国的礼仪和文化。1583年，罗明坚与刚刚到达中国不久的利玛窦开始被允许在肇庆建造第一所天主教房屋默许传教，相信这个时候他们联想到三十一年前西班牙耶稣会士沙勿略（Francois Xavier, 1506—1552）搭乘葡萄牙商船抵达广东台山

---

①　转引自［美］邓恩《从利玛窦到汤若望: 晚明的耶稣会传教士》，余三乐、石蓉译，第3页。
②　同上。

上川岛不得其门而入中国并死于上川岛一定百感交集。[①] 不过，"对上帝的荣光和灵魂得救的热情并没有休眠，它反而激励和鼓舞它所感染的人心"，沙勿略的后继者们知道"铁链和苦役甚至暴死都在所不惜，因为这是关系到多少灵魂从永世沉沦在永恒的奴役之中得救的问题"，利玛窦说明了这一点。[②] 现在，人们可以说，真正开始影响并改变中国历史进程的因素也许可以从另一种文明的布道者的工作中发现。

意大利传教士利玛窦的确是传播福音和对中国文化有明显贡献的传教士。他于1571年加入耶稣会。二十五岁时就去了葡萄牙等待着前往印度。在葡萄牙，他接受范礼安的教导，学习中文。

很难理解和相信，在传教士们的事业处处碰壁的时候，会收到肇庆知府王泮邀请，接受经总督批准了的——没有任何逻辑的意外——由"国家赐予的一笔财产，修建一所教堂和房屋"。尽管修建教堂和传教的开始仍然遭遇了种种的困

---

① 沙勿略先从日本到果阿，于1552年4月离开果阿到达马六甲，在这里他遭遇总督的严重阻碍。7月，沙勿略离开马六甲前往中国。12月2日，沙勿略因病死于葡萄牙与中国人做贸易的上川岛。

② ［意］利玛窦、［比］金尼阁《利玛窦中国札记》，何高济等译，参见第一章"圣沙勿略努力要进入中国，但未成功"。

难和麻烦，不过，利玛窦们坚持推进着他们的事业。当官员（应该是王泮）看到了教堂接待室的墙上挂有一幅用欧洲文字标注的世界地图时，了解和认识世界的观念便开始发生。王泮要利玛窦用中文翻译并绘制一张世界地图，利玛窦照办。不过，他完全理解中国人一直没有改变的以我为中心的世界观，所以，他将中国的版图绘制在世界地图的中央，这既没有违背基本的存在事实，也满足了中国人认为自己处于世界"中心"的意识。然而，那些有怀疑精神和知识的文人士大夫，由此开始改变他们对世界的看法，事实上，这种潜移默化的改变具有决定性的作用。①

　　西方文明最初以天主教教义传播的方式与具有独立发展

---

① 利玛窦写道：

　　因为他们不知道地球的大小而又夜郎自大，所以中国人认为所有各国中只有中国值得称美。就国家的伟大、政治制度和学术的名气而论，他们不仅把所有别的民族都看成是野蛮人，而且看成是没有理性的动物。他们看来，世上没有其他地方的国王、朝代或者文化是值得夸耀的。这种无知使他们越骄傲，则一旦真相大白，他们就越自卑。当他们头一次看见我们的世界地图时，一些无学识的人讥笑它，拿它开心，但更有教养的人却不一样，特别是当他们研究了相应于南北回归线的纬线、子午线和赤道的位置时。再者，他们得知五大地区的对称，读到很多不同民族的风俗，看出许多地名和他们古代作家所取的名字完全一致，这时候他们承认那张地图确实表示世界的大小和形状。从此以后，他们对欧洲的教育制度有了更高的评价。然而这还不是唯一的结果，另有一个结果也同样重要。他们在地图上看到欧洲和中国之间隔着几乎无数的海陆地带，这种认识减轻了我们的到来所造成的恐惧。（［意］利玛窦、［比］金尼阁：《利玛窦中国札记》，何高济等译，第125—126页）

历史的中国文化相遇，注定是要发生严重的冲突的。早期的罗马帝国之所以最终接受了基督教是因为希腊文化浸淫的结果，与中国文化传统相比，不过是一个文明系统中的因素；而对于那些即便具有彻底牺牲精神的传教士来说，在一个完全陌生的文化传统环境中工作，使用具有"背叛天主教信仰"风险的策略与方法是无可奈何的。在中国的岁月，利玛窦逐渐认识到，要让中国人入教，必须接受他们的知识习惯，例如中国人熟悉儒学，他就必须将天主教的教义与儒学思想进行尽可能地拉近，以便中国人能够接受天主教的思想。可是，儒学本身就经历过变化，在宋代，朱熹所确立的儒家思想与天主教教义无法对接，而利玛窦发现古代的经典儒学反而接近于他可以组织起来的解释路径，因此，利玛窦就试图通过寻找天主教教义与早期儒家思想的相似点，来传播其宗教思想，这样的方法当然有效。就此而言，利玛窦的努力证实了不同文明背景的文化、思想以及宗教之间，在理解对方而不是灌输的基础上，是可以有通融之处的。当然，这样的解释除了需要通过透彻理解中文而深入地体会其后的思想，也需要温润的语言策略和从容不迫的人格魅力，而这些，都是利玛窦的品质。1592 年，利玛窦与范礼安进行了最后一次讨论，他改变了自己的服装。① 之前，罗明坚以及其他一些传教士的策略是通过佛教和尚的服装来接近中国人，可是，这样的方式仍然收效甚微。既然中国的文人士大夫阶层是最明道理并有可能加入天主教的一部分，利玛窦干脆穿上了中国士大夫的服装，利玛窦意识到有正统象征意义的形式——就像天主教发展出来的种种形式、习俗和语言一样——是非常重要的，这样的形式意味着一种高度的符号化的认同，他解释说："对我们来说，当造访地方官员时，或是其他重要人物身着礼服来访问我们时，穿上一身丝绸的外衣和戴一顶与之相称的帽子是很有必要的。"② 当穿上中国人非常熟悉和感到自然的服装之后，在与中国学者和官员亲切的交往过程中，利玛窦便开始将欧洲的文明通过数学、几何学、天文学、制图学的知识以及人文主义思想传授给他们，天主教的教义就在日常的交往和传播科学知识的过程中一丝丝浸入到中国人的大脑

---

① 改穿儒家学者服装的正式批复文件是由到中国与利玛窦一块工作的郭居静（Lazzaro Cattaneo，1560—1640）于1594年7月带给利玛窦的。

② 在利玛窦离开南京到达南昌时，他便非常习惯地穿上绸袍。也是在南昌，他非常顺利地与当地官员和知识分子进行了交往与沟通。两百多年后（19世纪70年代），来自英国的传教士仍然面临这样的问题，当李提摩太（Timothy Richard，1845—1919）换上中国服装，头上做了一个假辫子后，他听到身后有人说："啊！他现在看起来像个人了！"（［英］李提摩太著：《亲历晚清四十五年——李提摩太在华回忆录》，李宪堂、侯林莉译，天津人民出版社，2005年，第63页）

里，传教的工作就这样产生了令人欣喜的成绩。[①]事实上，为了有效地传播天主教教义，利玛窦也充分利用了那个时候的不少知识分子——例如东林学社的成员——的理解力，通过与他们进行儒学辩义，来寻找理解天主教教义的可能性，进而让这些学者官员皈依天主教，去影响更多的中国人。利玛窦的策略与努力在徐光启（1562—1633）、李之藻（1565—1630）、杨廷筠（1557—1627）这样一些著名人物的工作中得到体现。利玛窦的策略性是如此符合当时的中国语境——因为传教本身的合法性是非常不稳定的，他与其他的传教士经常遭遇着恐吓甚至驱逐。所以，即便能够在一座城市里稳定下来，他也是小心翼翼而没有过分张扬的。例如，在南昌传教的时候，利玛窦在一封给他的罗马朋友的信（1596 年 10 月 12 日）中这样写道：

> 我不认为我们应该修建一座正式的教堂，而是代之

[①]　在一封写于 1595 年 10 月 28 日的信中，利玛窦描述了他在南昌与中国人的密切来往程度：

我连吃午饭的时间也没有，往往是下午一点钟才吃上。

一个星期里，我要收到两次或三次的赴宴邀请，有时一天里要赴两个地方，我也不得不两个地方都去……

（转引自［美］邓恩《从利玛窦到汤若望：晚明的耶稣会传教士》，余三乐、石蓉译，第 28 页）

以一间做讨论问题之用的房间。另一个厅则当作用来做私人弥撒的场所或做接待室。因为在这里，通过私下的谈话传播福音要比正式的布道效果更好，成果更显著。[①]

在 1601 年到达北京并获得了中国皇帝的默许可以留下传教之后，利玛窦进一步发展了他的策略：通过文化浸润和思想交流，实现传教，这样，在官员和知识分子中间，书籍与学术讨论，很自然地形成了一种润物细无声的效果。外国人在中国的这种策略和态度在之后的不同历史阶段中都能被发现，只是不同时期的表现会有不同的遭遇。

尽管传教士们后来通过景教石碑证实了几百年前就有他们的先辈进入中国传教[②]，但是，16 世纪开始的大规模的传教势力向亚洲进发是基于大发现之后的交通条件和人们视野的

---

① 转引自［美］邓恩《从利玛窦到汤若望：晚明的耶稣会传教士》，余三乐、石蓉译，第 33 页。

② 基督教聂斯托利派在中国被称为"景教"，该教留下了一个石碑，名为《大秦景教流行中国碑》，简称"景教碑"，是基督教传入中国的最早文献。碑文分"序文"（景教的教义和该教在唐代 146 年的传教史）与"颂词"两个部分，是波斯传教士用汉字和叙利亚文撰写。"景教碑"历时 1100 多年，唐代灭佛（"武宗灭佛"）时埋于地下，1625 年出土，现藏于西安碑林博物馆。明代最早见"景教碑"的是金尼阁，其以后是葡萄牙传教士曾德韶，其曾将文字翻译为葡萄牙文发往欧洲。

迅速打开，这时，时代要求一个国家——尤其是拥有辉煌历史的国家——去适应世界格局的变化，迅速改变现有的惰性以及难堪的状况。然而，这时的中国（明政府）已经处于衰退的状态：皇帝昏庸无能，太监势力控制着整个朝廷，那些想扶正皇帝为国家出力的官员总是处于与"阉党"心力交瘁的博弈与斗争中。在北京，利玛窦没有能够说服皇帝——万历皇帝不过是一个昏庸懦弱并听信奸臣的人——给予他合法地传播教义的授权。以后，他放弃了上奏皇帝争取传播福音明确授权的努力，而只是通过翻译、出版以及永无焦躁并充满热忱的交谈，即通过思想的传播和感情的交流去逐步争取中国的知识分子与士大夫阶层。

的确，更为深入的传教方法和事实上的知识（道德、哲学以及科学技术）传播是对教义和儒家思想语词的改造。这是一个难题，因为思想的载体即语词虽然可以传达思想的内涵，但是，不同文明传统所使用的语词本身形成的话语结构并不如利玛窦们想象的那样容易翻译和重新组合。中文有"调适"这样的词汇，即改变一种形状或者结构以便适应被选择的对象，利玛窦甚至了解宋明理学与古代儒学之间存在的明显差异，但是，基于这是两种完全独立发展而来且已经非常系统的文明，仅仅是将意大利文、葡萄牙文、拉丁文或者别的欧洲文字表述的教义句子翻译成中文，就已经遭遇巨大的困难。中文有自己的历史能指或者含义惯性，将一句拉丁文翻译成中文究竟如何选择字或者词？用中文表述天主教的思想，或者借用中文词汇重新赋予其含义，其结果很容易产生歧义，一个中国人很容易滑向原来他熟悉的字和词最初的含义，他几乎不可能像翻译者——用母语思维就更不用说——那样用欧洲文字去理解原文的含义。这样，重新理解或者变异就在所难免，中国读者难以轻易地保留原来的思想逻辑。利玛窦在解释何为上帝、在利用"五伦""三纲"的儒家教谕传扬西方一神教，或者在讨论灵魂不灭时使用儒家强调的道德完善观点，由于采取的是赋予词汇以新的含义的方法，因而存在着事实上的语词歧义和理解盲点，例如"GOD"用"上帝"（天上的皇帝或统治者）或"天主"（天上的主人或主宰）来表述，是否就是准确的呢？传教士们通过句子的完整性与反复阐释，以确定各个名词术语翻译得准确，这项工作在传播教义的合法性上本身就花了很长的时间。当然，利玛窦们总是通过不断解释和文本重写，来解决翻译问题，同时，又尽量回避中国人不习惯的字眼，例如尽可能回避"受难""原罪"或者"救赎"——这是基督教义中的核心内容——的解释，这就大大缓解了中国受众在聆听教义宣讲时可能产生的难受与内心抵触，这也是为什么利玛窦的传教也被认为有偏离教会教导的倾向的地方。可实际的情况是，当中国人在接受教义的过程中逐渐理解了其中的名词术语的本性时，他们就会很自然地远离儒家、佛教，更不用说道家的思想。无论如何，利玛窦的工作可以被视为西方文明在进入中国之后最早的调适并产生卓越结果的努力——尽管他的传教策略经常被认为是让天主教义适应儒家思想。事实给予这种努力有力的证明，到了 1608 年下半年，利玛窦在一封给自己兄弟的信中报告了他和其他传教士共同努力近三十年的成绩，此时的中国"已经有了两千名天主教徒，其中还有不少是学者"[①]。两年后，利玛窦去世，中国皇帝下诏书，利玛窦在北京获得了一块墓地：这意味着传教获得认可，并给之后传教士们的工作提供了可以继续前行的依据——利玛窦通过自己的死为天主教做出了最后贡献。最重要的是，在之后的传教队伍中，履行利玛窦调适策略的传教士总是能够获得成绩，而那些绝对主义的"欧洲人"，往往都面临严重的挫败和牺牲。

在中国文人士大夫中，利玛窦的朋友徐光启是对外来

---

① 转引自［美］邓恩《从利玛窦到汤若望：晚明的耶稣会传教士》，余三乐、石蓉译，第 105 页。

文明表示欢迎并充满热情地去理解的一个范例。他同样面临利玛窦所遭遇的问题：两种文化如何融合？徐光启发现西方的道理能够解决具体问题，而儒家学风尤其是宋明理学却过分玄虚和空疏，他告诉那些自以为是的儒学之士自己与利玛窦交往的体会："既又相与从西国利先生游，论道之隙，时时及于理数。其言道言理，既皆返本蹠实，绝去一切虚玄幻妄之说。"[1] 不过终究，徐的目的是"补儒易佛"，他既不满儒学的现状，也更反感佛学的教理，而基督教带来的整体性的西方文化便成为这位中国知识分子的思想工具。危机时，徐光启的知识与能力当然获得了机会，后金（后来的清朝）对明王朝的逼近迫使皇帝命令徐光启和李之藻用欧洲模式训练军队。但是终究，思想不敌制度，从澳门前往北京的由葡萄牙人组成的军队在南昌就被皇帝的诏书通知返回，先进的工具并没有被及时采用。[2] 尽管如此，在传播来自西方的知识方面，徐光启不遗余力，在生命的最后时间里他还在为修历操心。最后，皇上用国库的钱为

---

[1]　［明］徐光启撰：《徐光启集》上册，王重民辑校，中华书局，1963 年，第 80 页。
[2]　那些在广州的商人担心葡萄牙人的势力由此扩展到内地，所以通过贿赂京官劝说皇帝：击退满族人无需这些外来人。商人以此阻止葡人扩大生意的范围。

徐光启举行了隆重的葬礼，这意味着由利玛窦奠定的天主教事业在中国进一步获得了条件。①

---

① 事实上，传教士们在利玛窦去世之后的工作尽管有过发展的高潮，但是在中国传教的工作仍然非常艰难，在与朝廷反对势力（例如担任过南京礼部侍郎、礼部尚书、东阁大学士等职的沈榷 [1558—1634] 于 1617 年 8 月签署的逐教令对各地传教士形成了巨大的打击，即便如此，到了 1622 年，在中国的耶稣会士的数量仍然有增加）、包括阉党进行博弈与斗争的同时，内部在如何能够有效实现传教的目的方面也存在着尖锐的冲突。传教士的顺利传教通常被普遍看成是利玛窦采用的调适性方法的结果，但是，通过教授数学、哲学、天文学、地理学等其他科学的方法传教也一直受到质疑，例如耶稣会日本省区的省会长卡尔瓦罗（Valentim Carvalho）在将总部从日本撤离到澳门时，于 1615 年发布布告严厉地阻止利玛窦制订的传教方法。尽管于 1613 年从中国回到罗马的金尼阁（《利玛窦札记》的整理者和润色者）促使教廷开会（1615 年 1 月 15 日）研究过适应性传教的相关特许权问题，例如在行弥撒仪式时戴帽，翻译《圣经》可以使用中文，等等，并且，罗马教会 1615 年 6 月 27 日的最高会议简报还颁布了会议政令，但是，这些信息没有因为金尼阁及时发回中国的文件副本而起到决定性的作用，"欧洲人主义"的逻辑不断地阻止着"适应性"的方法。事实上也是如此，那些试图让中国人不仅接受宗教信条，还要服从教会所有法律法规和在欧洲或其他殖民地的习俗的努力没有一次是成功的。同时要知道，当金尼阁于 1621 年从欧洲回到中国时，明朝政府对天主教教徒的迫害正处于高潮。大量的史料表明，那种所谓的"不妥协"的绝对主义或者纯粹主义的传教立场和态度总是招致中国人的反感，或激化矛盾导致更加严重的迫害、被捕和牺牲。

V

　　晚明的政治形势可以用一摊烂泥来形容。帮助皇帝的官僚和那些捍卫正统的士大夫总是受到排挤与打击，除非皇帝再次遭遇危机，那些有能力的官吏才有可能回到他们应有的位置。这类典型的政治案例表现为东林书院的命运。1604年，被朝廷革职多年的顾宪成在朋友和士子们的协助下，合资修复了宋儒杨时的祠堂，他们建立书院用于讲学论道、著述出版。这些学者——重要的领袖还有高攀龙——开办书院的目的是矫正王阳明心学的空疏，尊重儒学经典，准确理解孔孟之道的精髓，不要因为误读而使儒家思想的传播与运用偏离正轨。尽管书院坚持"自今谈经论道之外，凡朝廷之上，郡邑之间是非得失，一切有闻不谈，有问不对，一味勤修学业"（《东林书院志·吴觐华先生申订东林会约》）的原则，但是，这种在思想与理论上"重振道德"的风气直接或间接地影响到朝廷阉党奸臣的政治地位与缺乏德性的跋扈，加上东林书院的部分活跃分子在天启初年进入政坛，与朝廷邪恶势力有了更为直接的冲突与较量，矛盾越发陷入尖锐，被各类庸碌无能的人拥为"千岁"的阉党首领魏忠贤（1568—1627）指使亲信编制《东林党人榜》共列 309 人[①]，让全国各地将东林学人视为一个在政治上对朝廷具有严重威胁的帮派势力。最终，由于宦官专权行事，皇帝昏庸无能，那些希望维护国家利益、辅佐朝廷的正人君子被逐一绞杀，这个历史事件清晰地表明：仅仅维系所谓儒家思想的正统对维护正义与消除邪恶的事业是无济于事的。

满族人的扩张当然加剧了明王朝的危机[②]，但朝中能干

---

① "党"（factions）为政敌加在东林学人头上的名称。在 1894 年中兴会产生之前，中国无政党（parties）一说。历史上有"党锢之祸"（东汉）、"牛李党争"（晚唐），"新党""旧党"（北宋）或"伪学逆党"（南宋）之说，但都是"帮派""团伙"的意指，不是"政党"的含义。在《东林党人榜》发行的同时，还先后出现了《东林点将录》《东林同志录》《东林籍贯录》以及《盗柄东林夥》，目的都是勾勒"东林党"的范围以便有机会捕杀。

② 历史学家将今天东北地区视为满族的故乡。满族的起源，可以追溯到两千多年前的肃慎以及后来的挹娄、勿吉、靺鞨和女真。《左传》记载："肃慎、燕、亳"为周代的"北土"，直至唐代逐渐形成数个部落。公元 725 年，唐朝在黑水靺鞨地区设黑水都督府，授黑水靺鞨各部首领都督、刺史等官，并置长史监之，赐姓李氏。这意味着这里实为唐朝统领之地。五代时，黑水靺鞨改称"女真"，一直沿用到明代末年。辽代，女真人（生女真中的完颜部）在首领完颜阿骨打的率领下，起兵反辽并建立金朝。后与北宋联合灭辽，进而灭亡北宋王朝，与南宋并立。金朝占领中原地区以后，于 1153 年迁都燕京，定居在中原的女真人进一步与汉族融合（蒙古灭金以后，他们被列为"汉人"等级）。元代，女真人与汉族杂居共处，进一步与汉族融合。明代，女真人从狩猎经济转为从事农业，狩猎和采集辅之。基于地理［转下页］

事的官吏即便有机会上奏寻求改革，也很快又因为宫廷政治的博弈而败下阵来。虚弱的明朝先是受到李自成（1606—1645）军队的重创几近崩溃，之后，满族人在明朝将领吴三桂（1612—1678）以及其他一些官吏的支持下，打败了李自成。当清军进入北京，耶稣会士汤若望（Johann Adam Schall von Bell，1592—1666）并没有离去，他在天文和科技方面的知识使得他被多尔衮任命为钦天监监正，之后他成为顺治的朋友，并为朝廷修订全国历法。实际上，汤若望在明朝的 1638 年（崇

［接上页］上的原因，明代对东北的统治依赖于女真族世袭部落首领，通过封号和刺激、平衡部落之间的冲突加强控制能力。1583 年起，努尔哈赤（1559—1626）统一了建州女真，在之后 30 年的时间里，努尔哈赤将分散在不同地区的女真各部统一起来。其间，建立了八旗制度，在这个中央化的过程中，女真人在制度和文化方面已经开始不同程度的汉化。1616 年，努尔哈赤建立大金国，史称"后金"——以便唤起对历史上金帝国的记忆。1626 年，清太宗皇太极继位后，改元"天聪"。1635 年，后金第二任领袖皇太极改族名为"满洲"——居然是汉人官员给予的建议，以便消除之前作为明藩属的痕迹。以后使用的"满洲"既是族称，也是地理概念，指东北方向领土（今日之东北），这也是为什么满族在辛亥革命之前称"满洲族"的原因（但这不意味着东北地区的族群限于满族，明朝时期的东北人群实为多元），从此，满族体制脱离部族开始转变为对明朝具有挑战性的政治组织。1636 年皇太极改国号"大清"。1644 年，清军入关，逐步统一全国，开始了满族贵族的统治，在政治制度上大致为"清沿明制"，但更进一步加强了皇帝对政务的控制，同时在人事制度上执行了满汉有别的政策。满族文字被认为创立于 16 世纪末，可是，早期女真文字是从汉字脱胎出来的表词音节文字，久已失传。16 世纪末，努尔哈赤与皇太极分别有"老满文"与"新满文"的改造。清中期以后，满族基本上使用汉语北方方言，满语限于旗人内部和旗籍官员在特定场合使用，直至逐渐消失。

祯十一年）就获得了皇上赐予的"钦褒天学"牌匾，以表彰他在天文学方面的贡献，现在，他继续获得清政府的信任，其地位以及获得的威望达到了可以保护其他传教士的程度。①这说明，作为工具理性的知识从一开始就可以为任何一个皇帝所利用，而这又事实上为与科学和技术相关的外来文明的存留提供了连带机会。直到18世纪的来临，人们已经能够在文学艺术中轻易读到外来文明的影响，并且丝毫不会感到不适，例如在《桃花扇》的作者孔尚任（1648—1718）的诗里，那些看上去细微的变化就具有从未有过的性质。

西洋白眼镜，市自香山墺。

制镜大如钱，秋水涵双窍。

蔽目目转明，能察毫末妙。

暗窗细读书，犹如在年少。

① 到了1650年，耶稣会副省会长阳玛诺神父（Manoel Dias,Junior,1574—1659）这样写道："我们但愿有一百位汤神父。不管我们离他有多远，他都能如此真诚地给我们以帮助。只要我们说，我们是汤若望的同伴和兄弟，就没有任何人胆敢对我们说一句反对的话。"尽管如此，宫廷政治是如此的残酷多变，汤若望在生命的最后受敌视天主教的杨光先和摄政大臣鳌拜的迫害，被判凌迟处死（幸而被顺治母亲等人拯救）。

也可以说，前朝似乎都是后朝的镜子，历史都是一种轮回，数千年的中国史也是一部改朝换代没有穷尽的历史，清王朝的建立是最靠近辛亥革命的例子。[①] 1662 年，最后一个称帝的明皇室后裔被吴三桂用弓弦处死，早在 1644 年就占领北京的满族人开始了他们的完全统治，这在中国历史上是改朝换代的重大事件。但是，基于统治的目标和有效性，清王朝很快就恢复了明朝旧制，例如重新实行科举制[②]，这表明了儒家思想及其隐含的文化传统得以延续，结果，在之后三百年的统治中，清王朝事实上仍然是之前已经建立起来的中华文明的维护者与巩固者：多尔衮之后的顺治皇帝对汉族小说和戏

---

① 一些清史研究者更愿意将清朝视为不同于前朝历代的特殊朝代。但是从制度（秦汉政体）与文化（以儒家为主体）的延续性上看，即便清朝的疆域是明代的两倍，人口增至近 5 亿，族群较之过去更为丰富多元，也不能够说明与之前的朝代有什么根本性的差异。

② 作为国家选取人才的路径和方法，科举考试制度起于隋朝的"开科取士"，在唐代得以雏形，分常科与制科，于宋代获得了系统的发展。到了明代，建立乡试、会试和殿试三级考试。科举制度因为不论出身门第，一切以考试成绩为准取得不同级别的进阶资格，为普通人能够入仕各级政府提供了机会。由于科举内容限于儒家经典的背诵与重复，考生"所习非所用，所用非所习"；宋代，王安石说："今以少壮时，正当讲求天下正理，乃闭门学作诗赋，及其入官，世事皆所不习，此科法（进士科）败坏，人才致不如古。"明代开始，以八股文为考试题目，考生的思想受到严重的规范和禁锢。顾炎武（1613—1682）说："八股之害，等于焚书。""此法不变，则人才日至于消耗，学术日至于荒陋，而五帝三王以来之天下，将不知其所终矣。"至晚清，陈陈相因的言辞与做法加上西方文明的进入对传统文化的冲击，科举制度在培养适合国家与社会需要的人才上的无效性暴露无遗，终于 1905 年宣布废除。

剧赞叹不已；康熙（1654—1722）——他被顺治确定为清王朝的继承人据说也听取了汤若望的意见——无疑是"四书五经"的忠实读者，他为了让汉人能够心甘情愿地服务于新朝廷，十分认真而恭敬地学习儒家经典。作为皇帝，康熙竭力让汉族知识分子和士大夫理解他也是汉人文化传统守护者中的一员，似乎也在维护正统的道德秩序——尽管清政府始终在努力保留满族文化和他们的宗教。[①] 没有任何重要的事件具有彻底改变历史的力量。在清军占领北京之后，大量的知识分子通过参与反抗、拒绝合作甚至绝食、自杀的方式来表明他们对正统的坚守。少数哲学家记录历史、著书立说，试图寻找改变现实甚至改变历史的路径：王夫之（1619—1692）对王阳明（1472—1529）"心学"的批判以修正时代的道德；黄宗羲（1610—1695）分析朝廷权力的重新分配并强调道德力量的重要性；顾炎武希望人们重新认识古代学术遗产，找到真正解决现实问题的方法。排除学术争执不论，人们的确称赞王阳明的"知行合一"的思想，他的思想的确影响到了不少后来者，可是，"知"与"行"的范围并没有根本打破

---

① 雍正时期，在与俄国签订的《尼布楚条约》（1689 年）的补充条约《恰克图条约》（1727 年）里，甚至特别规定鼓励居住在北京的俄国人学习汉语。历时十年编撰完成的《四库全书》（包括 3 450 部著作，存目书籍 6 750 种，佚书 36 000 种）正是在乾隆（1711—1799）的命令下完成的。

儒家的藩篱，使"思想界之气象又一新焉"（蔡元培）的学说并未构成改变社会制度的颠覆性理论。[①] 人们被反反复复提醒：如果个体的力量不能够改变这个社会，就应该在自己的内心寻找解决问题的办法，调整内心是最重要的，以至于社会结构的改变仍然局限于朝廷内部的政治变迁，辅佐皇帝的知识分子总是在无休止的宫廷政治斗争中不是被打击流放就是隐逸山林。的确，数个世纪以来就有卷帙浩繁、不可胜数

---

① 王阳明为 15、16 世纪对后学颇有影响的思想家。在他之前有宋代理学在重新解释儒家经典，王阳明希望再次修正人们对经典的理解。他说心与自然是一体的，强调心的启发性，即仅仅靠内心的领悟就可以得理，比如他说："心即理也。天下又有心外之事，心外之理乎？"这样，先贤的文字就不必一一遵循。与程朱理学受佛老影响忽略行动不同，王阳明强调知行合一，今天翻译一下可以表述为心的所知也包含经验与行动，否则是不完整的。意思是：吃吃饭就是"意"（欲食之心），必有吃的行动跟随。"心"本身就有自决、自善、不求外助的能力。这样的观点，对行动给予了明显的强调。古代知识分子总是会讨论如何成圣的问题，王阳明较之朱熹等人来说，多少注重了实践对如何成圣的重要性。但对王阳明的文本进行仔细的研读之后，会发现：他所说的"知"，不是一般的信息获得，而是有关"道"——真理——的智慧，这样的观点当然很容易回到形而上字词义辩的无休止讨论中。知为普遍性的东西，行是具体的，于是，"知行合一"这句话还是需要根据我们的心去重新理解。所以，王阳明与程朱等人的学说一样，大致就在儒家传统中，没有跑出。这就是为什么从文化传统上讲，儒家传统思想不能够解决 17 世纪之后出现的新问题。一种政治制度的内因与文化传统有关，而当一种政治制度不能够解决社会变化中出现的问题时，就只有等待新的文化力量来影响。就中国而言，由于外来的新文化与传统文化不匹配，而由传统文化所维护的政治制度又缺乏调和与重新分配资源的机制——皇帝与掌权官员的个人趣味与能力不属于制度安排范畴，就自然会产生冲突，这就是我们后面要讲述的历史问题。

的考释、注疏来解释儒家的"四书五经",但中国基本的文明与政治结构并没有明显变化。良知、道德是儒家学说的中心论题,可是,对良知与道德的解释总是随着权力的更替而有不同的修正,至少如何安放良知或实现道德的守持有说不完的理论,直至清代乾隆时期考证风气的盛行,学者们阅读汉代的经典文献,以为在那些有可靠典籍支撑的注疏中可以重新发现真理,达到辅助皇帝安邦治国的目的。

中国人一直有"康乾盛世"的说法,是说从康熙到乾隆年间,中国处在一个历史的鼎盛时期。从1669年(康熙八年)开始自己的统治起,令康熙感到自豪的功绩有平定三藩(1673—1681);1683年,清军两万人进攻台湾,郑氏军队战败,台湾归入清朝的版图;两次进攻盘踞在雅克萨的俄国军队并签署了《尼布楚条约》;由于《尼布楚条约》奠定的基础——边界的划分和与俄国的约定,康熙有了精力和信心打败准噶尔部动乱的首领噶尔丹(1696年),稳定了西北部边疆地区,之后乾隆安排军队扫清准噶尔残部(1759年),并在那里设立了行政管理机构,加强了对西北地区的管辖。乾隆晚年的政治事务大都是处理对外征战(缅甸、越南、尼泊尔）和民间社会的反清叛乱（王伦、回民、白莲教①），直至 1796 年退位，乾隆朝的境况被他的宠臣和珅及其上下官僚弄得声名狼藉。需要提示的是，直到鸦片战争爆发之前，清政府都完全没有将精力与心思放在来自海洋的问题上，对明代已经显露的世界格局的急剧变化仍然缺乏足够的认识。的确，直至乾隆时期，清政府也没有一个专门的外交部门来分管与世界的联系，除了与亚洲周边国家的事务由礼部处理外，陆续到来的传教士由皇帝的包衣奴仆接待安排，"普天之下，莫非王土"的观念始终存在于中国皇帝的脑海里，似乎中国之外的边缘之国没有什么需要慎重对待和值得动脑筋的。

至清代，中国与欧洲国家之间的贸易往来仍然是一个极为复杂的历史过程，基本说来，与明朝一样，清政府对海外贸易没有什么兴趣，仍然保持着对任何外来文化不予重视的立场。在外来贸易诉求不断提出时，清政府保持着过去的基本态度，"加惠远人，抚育四夷"（《清高宗实录》卷

---

① 1774 年，山东爆发由医生王伦领导的起事，成员大多为普通民众如农民、船工、车夫、鱼贩、油贩、豆腐贩、僧人、艺人、无业游民。这些成员的组成表明了不满情绪蔓延，社会生活普遍面临危机。18 世纪 80 年代在甘肃爆发回民起事，两次起事的主因并未明显表现出是民族隔阂所致。18 世纪 90 年代爆发的白莲教起义则与政府腐败无能、官员肆意渎职、运河淤塞、粮仓空置、社会无序、民不聊生直接有关。

一百四十三），始终没有表现出积极更不用说平等的姿态。之前，如果葡萄牙和西班牙不接受朝贡国的地位，就不可能与中国建立贸易关系，荷兰人如果没有在 17 世纪中叶帮助康熙平息在东海岸进扰的郑氏势力，也不会获得贸易的机会。之后，英国商人也来到中国，请求通商。1680 年，清政府废除海禁政策，中国与西方国家的贸易逐渐扩大，这促使了控制价格、调节利益空间的公行的出现（18 世纪 20 年代）[①]，行商们甚至也接受政府的指令具有外商在贸易过程中缴纳商税的担保功能。口子被拉开，当然会越来越大，于 1600 年成立的英国东印度公司拥有东印度贸易垄断权的国家许可，其贸易的范围与规模非一般商人可比，他们当然不满意清政府被动贸易的种种限制政策，何况在与中国打交道的过程中，总是不能够享受到他们认为理所当然的国际贸易应该共同遵守的规则，行贿、冲突、抱怨时有发生，贸易逆差的出现导

---

① 开放广州贸易之后，广州关西一处开辟外国人居住地，居住的房屋被称为"夷馆"（蛮夷居住的建筑），房屋租自行商，外国人的行为与活动空间受到限制，夷馆里的外国商人叫"夷商"。中国人中只有户部批准的特殊商人被允许同"夷商"交易，这种特殊商人叫"行商"（hong merchants），他们之间又组织了同业公会的组织，叫"公行"，以此来保护自己的利益，在中国地方政府与外国人之间担当交易的中间角色。需要注意的是，行商大约在明万历时期（1573—1620）就已经出现，那时就有 36 个行商与 14 个国家从事贸易活动。到了明末下降到 13 个行商。基于商业利益，行商与洋商之间通常合作很好，有时还相互帮助，双方之间保持了值得称赞的商业信誉。

致英国商人开始将鸦片带入与中国的贸易中——这为后面的致命冲突埋下种子。无论如何，英国人决定破除仅有单一口岸并在贸易活动中受到种种限制和腐败勒索的广州体系，决定与中国政府设法建立新的贸易关系。1792 年 9 月从伦敦起程的马戛尔尼（George Macartney，1737—1806）使团代表英国试图以世界强国的姿态借乾隆皇帝生日庆典之际与中国谈判，目的当然是保证英国的生意与利益，实现与中国贸易的扩大。可以肯定的是，直到这个时候，清政府对国与国之间的贸易仍然没有什么兴趣，对英国的贸易诉求仅仅表示出形式上的礼貌，使团秘书斯当东（Sir George Staunton，1737—1801）回到英国于 1797 年完成写作出版的《英使谒见乾隆纪实》对此有生动的记录。①

---

① 在概述的第十四章里，作者写道：

特使在关于发展两国商业对中国有什么好处的问题上谈得非常委婉，因为：中国目前并未感到以货易货从欧洲运进产品的必要；中国从印度得到的棉花和稻米的供应，中国几个省份自己也同样出产；中国从英国输进生金银，有时会因此而使国内日用品涨价；英国军舰可以帮助中国剿灭海盗，但中国的内河航运非常安全，对此也并不感到需要。中国一向自认为是天府之国，可以不需要对外贸易而自足自给。中国同任何外国的贸易，绝不承认是互利，而自认为是对外国的特别恩赐。特使志在谋求两国贸易，即使中国人说成是对英国的恩赐，他也在所不惜。和中堂很客气地回答说，在特使留住中国期间，这个问题还可以从长计议。（［英］斯当东：《英使谒见乾隆纪实》，叶笃义译，三联书店 [香港] 有限公司，1994 年，第 312 页。后面如无特别注明，均引自该书）

斯当东在书中描述了为什么英国要派遣使节团，"自然它是为了商业的目的去的"（第一章）。之前欧洲人在中国的贸易大致限于葡萄牙、荷兰与西班牙商人。出于利益的原因，这些国家的商人也是英国人在中国进行贸易的阻力，与此同时，中国对英国的确也知之甚少，这也是中国政府一开始要求英国使节团必须接受三跪九叩头居高临下的等级礼节的基本原因之一。[①]

无论如何，乾隆皇帝对英国人的到来表现出了自大与强势，他对可以从海上安全到达中国海岸、配有 64 门大炮的英国军舰所隐含的科学技术水平完全缺乏敏感性，由于清政府的自大态度与短浅的眼光差不多延续到了 19 世纪末，笔者忍不住要在这里将乾隆对乔治三世的一道敕谕中的一段话记录下来，提示此时中国面临的危机：

其实天朝德威远被，万国亲王，种种贵重之物，梯

[①] 斯当东写道："在中国人看来，英国这些鲁莽的冒险家们（指前述 1634 年英国商人在广州的一次经历和与中国发生的冲突——引者）似乎是一群没有国籍的人。过去从来没有英国人由于好奇或者传教而到中国来，为本国争些好的印象。关于英国的一切，中国人都很少知道，即在英国开始到广州通商之后，很长时间中国人一直用一种轻蔑的名词——红毛人（Carotty-pated race）——来称呼英国人。"（第一章，第 5 页）

航毕集，无所不有，尔之正使所亲见。然从不贵其巧，并无更需尔国制办物件。是尔国王所请留京一事，于天朝礼制既属不合，而于尔国亦殊觉无益。①

使团没有实现来到中国的目的，马戛尔尼非常愤怒，他用"陈旧、破烂不堪的头等战舰"来形容这个时候的中国。

<hr />

① 转引自〔美〕史景迁（Jonathan D.Spence）：《追寻现代中国：1600—1912 年的中国历史》，黄纯艳译，上海远东出版社，2005 年，第 140 页。不过，有关此次"礼仪"之争的辨析，也不必从"先进"或"落后"的角度去看待，互不了解对方是发生冲突或看法不一致的重要原因，双方在这个问题上都做了必要的调适。事实上，康熙时期出于疆域明确与稳定的原因，并没有将俄罗斯作为藩属国看待，并且各自的使者都在对方的帝王面前行使了对方要求的磕头礼节。

VI

　　乾隆时期在政治上、军事上留下一些重要历史事件：平定大小和卓之乱、台湾农民起义、加强对西藏的管辖等；歉收之年免去全国农民的租税[1]；尤其是耗费巨资完成近 8 万卷的《四库全书》[2]，看上去都是后人津津乐道的历史遗产。但

---

[1]　乾隆时期人口达到 3 亿，但耕地的增长逐渐不如人口的增长，这决定了人均耕地面积日趋减少，进而粮食价格上涨，历史文献表明：19 世纪的粮食价格比 17 世纪的价格上涨了 5 倍，这导致了饥荒、疾病与动乱以及社会的整体压力。社会动乱的频次增加，导致军费的增加（例如对白莲教的平定消耗清政府 2 亿两白银）和国力的下降，最终，清政府无法应对社会问题的总爆发——太平天国运动的出现。

[2]　事实上，从清初开始，政府就不再允许学者们聚众结社（"集群作党"），至于出版，也限于与科举有关的书籍，学者之间相对自由的讨论空间进一步被缩小。可以想象，学校的教材规定为有关宋儒的书籍，对儒家经典的理解限于朱熹的解释，文章的写作逐渐趋于格式化的八股文章，缺乏个人的发挥。一旦有人抒发知识的自由，就有可能犯"腹诽朝政，谤讪君上"的罪名。康熙朝开始的"文字狱"（在书籍文章的文字中发现有诽谤朝廷和君主的思想言论，并给作者定罪。但是，大多数案例都是牵强附会和任意理解甚至刻意诬陷的结果）给予中国文人学者的记忆一直持续到今天。《四库全书》就是在乾隆时期大兴"文字狱"的结果：既然要限制阅读，那些不能够阅读的书籍就应该被查禁和销毁。按照文献记载，从 1774 年至 1782 年期间，禁书（焚书）事件有 24 起，毁书达 13 862 册，文字狱 60 多起。同时，编入《四库全书》的书籍中，也有不少内容被删减。

是，当 1799 年乾隆去世时，人们从他的宠臣和珅的家里查抄出 8 亿两白银，而这时政府的岁收也不过 7 000 万两，即便这个数字到十分之一，也足以透露出清政府的腐败、无能与日益严峻的衰落。

直至 19 世纪，英国即便是普通家庭也开始了对曾经是珍贵药材的茶叶的日常需求，而这个商品只有用现金（清政府采用银本位制）从中国购买。事实上，在之前的岁月里，欧洲与中国之间的贸易结余总是有利于后者，基于中国对外来的物产没有明显的兴趣，而欧洲对中国的货物总是需求有加，为了平衡账目，外来商人例如东印度公司四处——例如中欧、日本和南美——搜集白银，以便换走中国的茶叶、瓷器、香料、丝绸以及玉器等奢侈品。结果，导致在中英两国商人的贸易之间出现巨大逆差。鸦片贸易开始了，很快，中国人出超、英国人入超的形势发生根本逆转，白银大量流向海外。[①] 然而，

---

① 明代李时珍（1518—1593）的《本草纲目》里记载："鸦片前代罕闻，近方有用之者。""鸦片"（opium）一词来源于阿拉伯语。可以理解为西域交通之后的产物。中国民间称其为"罂粟"，诗词里谓"相思草"，可见其对人的精神的影响。明万历十七年（1589）关税表载：鸦片二斤银条两根，税率为每十斤纳税银二钱。清之前，鸦片为药材类，但长期食用会导致人的肉体和精神的病变和衰退，进而导致普遍的社会问题。同时白银外流，国库空虚。根据历史学家们的统计，从 1752 年到 1800 年，有 1.05 亿银圆（约合 2 625 万英镑）流入中国，而 1808 年到 1856 年之间，有 3.84 亿银圆反向流入英国。林则徐（1785—1850）说：［转下页］

在长期的鸦片贸易中，英国扮演了一个幕后导演的角色，仿佛仅仅是那些在海上或者街角的可恶的鸦片贩子在从事着这个特殊商品的交易。[1]

早在1729年，清政府就发布过对贩卖鸦片的禁令。然而不断的禁止和措施似乎没有什么效用，走私活动猖獗、鸦片泛滥，在1838年，年进口的鸦片已不低于四万箱。涉及鸦片贸易和以"鸦片战争"为名的历史需要更多的文字来叙述，无论如何，作为英国政府代表代替东印度公司与中国交涉贸易的第一任商务监督律劳卑（William Napier，1786—1834）并没有完成沟通中国、建立合法平等贸易关系的使命，尽管马戛尔尼使团很早就报告过中国对贸易的拒绝，但直到这个时候，律劳卑以及他的英王根本就不愿意承认：中国对与任何国家进行贸易都没有兴趣，除非这些国家的商人是来朝贡或者接受中国皇帝事先应允的恩赐。事实上，律劳卑一到达

[接上页]"若犹泄泄视之，数十年后，中原几无以御敌之兵，且无以充饷之银。兴思及此，能无股栗！"

[1] 整个鸦片的生产与交易流程是：英国东印度公司委托印度种植罂粟，并监管鸦片的制作过程，之后是监督打包装箱，运往加尔各答拍卖。接着是，鸦片走私贩子将鸦片运到中国海岸（主要是珠江口的伶仃岛），中国批发商从广州鸦片商处购买许可证，再用许可证换取鸦片，以后进行分销。这个过程中，当然会遭遇政府兵船的稽查或海盗的打劫。19世纪30年代，中国国内已经普遍（主要是云南和新疆）种植罂粟，到鸦片战争时期，已经有了全国鸦片贸易。

广州就不依中国的规矩，他因为"平行款式"递交文件就让两广总督卢坤（1772—1835）愤怒不已 ①，清军包围了英国商馆，终止其一切贸易行为。所以，律劳卑发出的自以为正义的抗议没有受到正面理睬，在清朝政府看来，他的种种要求连基本的合法性都不具备：

> ……英国愿意派出国家的官吏来代替东印度公司的大班，那是他们的自由。而我国继承旧制，仅通过公行与夷人接触，同样也是我们的自由。除了礼节性的访问和朝贡使节外，我国与外国之间从未有过直接的关系。英国政府任命律劳卑，事前既未有任何通知，他本人也未带来任何委任状，而且关于这个完全新的问题，也不给予时间让总督请示北京的训令。竟然破坏清国的法律，将军队与武器带进商馆之内，并对炮台进行炮击，强行

---

① 从明朝沿袭的完善的朝贡制度不仅依然有效，同时已经与儒家文化传统共同构成了一种心理惯性，即"天朝上国"不可能与"化外各邦"（主要是西方国家）平等来往和交易。中国与之通商在清政府上下官员看来仍然是"天朝"施以恩惠，不过是一种"怀柔远人"的策略，而来自英国的律劳卑们将这样的态度与策略视为傲慢和自大，他们试图与中国建立的是"自由"与"平等"贸易。直至1838年义律(Captain Charles Eniot，1801—1875）到广州投递文书，文件上仍然没有"禀"（这个字有自下而上的含义）字，这当然导致此时的两广总督邓廷桢因其平等递交的姿态而"原封掷还"。

侵入内河。……①

广州总督的回答在事实上大致没有出入。在清政府的压力下，律劳卑被迫退离广州（英国的印度总督奥克兰勋爵 [Lord Auckland] 最早将中国的广州这个城市用英文定名为"Canton"），贸易得以恢复，但是总督在回应文件中对英国人严厉的措辞以及律劳卑的失败与去世为之后的冲突留下借口，因为这意味着那些希望保持鸦片贸易的英国商人认为中国闭关自守、傲慢和愚蠢的看法获得了进一步证明。清政府内部经过一番是否"弛禁"鸦片的争论——尽管 1839 年 3 月中英贸易已经停顿，结果是，皇上决定派林则徐为钦差大臣去广州禁烟。

1839 年 6 月 3 日至 6 月 25 日，林则徐指挥虎门销烟，由盐水与石灰产生的化学燃烧，销毁了从商馆没收的所有鸦片。在广州禁烟的过程中，林则徐研究过从公行、买办以及民间收集到的情报，其中包括翻译文献，他也力图了解一些外国信息，尽量保证在自己执行禁烟过程中减少失误。被解职后，他还带着不少疑惑将这些资料文献交给了他的宣南诗社同仁

---

① 转引自 [日] 陈舜臣《鸦片战争实录》，卞立强译，重庆出版社，2008 年，第 70 页。

魏源——他就是著名的"师夷长技以制夷"口号的提出者——希望后者能够通过研究有所发现。[①]

的确，正如德国传教士郭士立（Karl Gutzlaff，1803—1851）的报告所说：英国的一只护卫舰可以击溃整个中国海军一千只兵船。从穿鼻之战[②]到最后逼迫清政府签署条约，英军战舰和军队所向披靡，中国的兵船、炮台和军队不堪一击。发生在尖沙咀的偶然事件[③]加上英国政府确立的霸权目标最终导致中英冲突全面爆发（1840 年 6 月）：英军从攻击舟山定海开始，直至抵达接近北京的天津；严峻威胁之下，皇帝被迫革除林则徐职务，改换琦善（约 1790—1854）与英方谈判。谈判中，英军不断向清政府施压，增加条款，又进攻靖远炮台，琦善因谈判中的妥协策略也被革职。而在广州的各路清

[①] 结果，魏源完成了著名的《海国图志》（1843 年），这部著作对过去将外国人视为野蛮人的看法有明确的否定，谓"远客之中有明礼行义，上通天象，下察地理，旁彻无情，贯串古今，是瀛寰之奇士，域内之良友"。所以他希望中国的态度应该是："圣人以天下为一家，四海皆兄弟，故怀柔远人，宾礼外国，是王者之大度；旁咨风俗，广鉴地球，是智士之旷识。"该书点燃了中国知识分子和有抱负的官僚了解世界、认识中华的激情，所谓"中华思想"开始在那些希望拯救朝廷于衰败的人中受到质疑。

[②] 1839 年 11 月 3 日，皇家撒克逊号在虎门与中国商人贸易，在穿鼻洋海上中英双方交战。1841 年 1 月，双方签署《穿鼻条约》。

[③] 1839 年 7 月，尖沙咀村民林维喜被酗酒的英国人殴打致死。清当局要求从广州转到澳门临时居住的义律交出肇事者。义律借英国法律之故不予配合。林则徐基于对英国法律的研究，声明应遵循中国法律要求义律配合执行，义律又称具体案犯是谁不清楚。

军无力作战，且在大敌当前的同时还劫夺民财，甚至相互厮杀；英军组建远征军在重新占领舟山，拿下厦门、定海、镇海、宁波之后，继续进攻乍浦，突破吴淞要塞，最后，英军进攻镇江，直指南京。这时，朝廷无奈向英军投降，并于1842年8月29日在英国军舰皋华丽号（Cornwallis）上签署了丧权辱国的《南京条约》。

人们对发生在19世纪40年代并持续到50年代的这个事件有不同的解释：（1）英国因工业革命而带来的政治与经济的活力，激发了英帝国对资源和土地的攫取与扩张；（2）此时的中国已经完全处于皇帝昏庸无能、朝廷顽固保守；（3）先进的理念与军事武器对基督教文明发展的有力支持；（4）大航海开启的国际自由贸易新规则与盲目自大、愚蠢落后的朝贡体制的冲突……的确，直到1838年10月23日，道光皇帝还在是否"弛禁"鸦片问题上犹豫不决，他还要军机大臣们拿出意见，直至两天后他得到报告说一个亲王和一个镇国公被发现在紫禁城里吸食鸦片，接着次月又得知近至北京的天津也发现了来自广东的13万两鸦片时，才有了最后的禁烟决断。然而，正是因为朝廷上下始终轻视"逆夷"的存在，无视英国的基本目的与军事势力，并从一开始就没有将"禁烟"视为对外事务，因而在思想、政治与军事上几乎没有任何准备，这是之后清朝在战争中完全失利的重要原因。

推动鸦片战争的义律是一个废奴主义者，作为英国外交大臣在中国的代表，他本人一开始表现出对鸦片走私的反感，他在 1836 年还有这样的话："一项大宗贸易要依赖于一项稳定持续进行的走私，来买卖一种价格昂贵、又经常性地大起大落的邪恶的奢侈品，是不可能有好结果的。"[1] 他甚至告诉英国外交大臣巴麦尊（Lord Palmerston）：他对这种"不光彩的、罪恶的武装走私怀有更深的憎恶"[2]。然而这样的看法并没有影响到他认为鸦片贸易将有利于英方的看法。当他得知林则徐发出逮捕英国鸦片贩子颠地（Lancelot Dent）的命令时，他毫不犹豫地将后者纳入他保护之下，并以外国人及其财产应该免受侵害为由声明这是他的"职责"。进而，当林则徐下令停止所有贸易，并于 1839 年 3 月 24 日封锁商馆后，义律终于将这个事件上升为两个国家之间的冲突，并清楚地表明了自己的立场：

　　我觉得可以肯定，使中华帝国沿海免于糟糕的战争

---

[1] 发表在《关于中国的通讯》（1840 年），第 190 页。本书转引自［英］蓝诗玲《鸦片战争毒品、梦想与中国的涅槃》，刘悦斌译，新星出版社，2015 年，第 81 页。
[2] 本书转引自［英］蓝诗玲《鸦片战争毒品、梦想与中国的涅槃》，刘悦斌译，第 81 页。

（不论是对外的还是对内的）的唯一手段，就是女王陛下政府采取迅速的、强有力的干涉政策，以澄清所有错误，一劳永逸地有效防止犯罪行为和苦难。综合考量，这一措施不仅已成为对英国公共利益和国格的重要责任，也是对中国政府的重要责任。①

在英国国内，义律在中国的行为显然有不少辩护者，"饶舌的马科维列（Thomas Macaulay）"在英国国会以一种振振有词且不可一世的语气申述着英国人在广州的遭遇：

> ……义律先生命令在受包围的商馆的阳台上高高地挂起英国国旗……看到这面国旗，濒死的人们的心也会立即苏醒过来。因为这使他们想起了自己是属于从不知道失败、投降和屈辱的国家……在普拉希原野上为布拉克大厅的牺牲者复仇的国家，自从伟大的摄政宣誓要使英国人的名字比以前的罗马市民更受人尊重以来、从不知道后退的国家！他们虽然受到敌人的包围，又被大洋和大陆隔绝了一切的支援，但他们知道对自己施加危害、

---

① 原载于《关于中国的通讯》（1840年），第387页。本书转引自［英］蓝诗玲《鸦片战争毒品、梦想与中国的涅槃》，刘悦斌译，第87—88页。

哪怕是动一根毫毛的人，是不会不受到惩罚的。[1]

这种具有煽动性的演说不过是要为被中国没收的鸦片寻求赔偿并为之后鸦片贸易合法化建立基础。不同意这种傲慢而狂妄的论调的同样大有人在，格拉斯顿（William Gladstone）带着极为绅士的语气陈述了他反对的"……原因是，我从不知道，也从未在哪一本书中读到过这样非正义的战争，这样会永远成为不名誉的战争。刚才和我意见不同的一位绅士谈到在广东飘扬着光荣的英国国旗。可是，这面旗子是为了保护臭名昭著的禁品走私而飘扬的。如果现在要在中国的沿海升起这样的旗子，我们一看到它都不能不感到恐怖和战栗"[2]。

公行显然垄断了外国人与清政府之间的贸易，并且实际上受到地方政府官员的操纵，但是，外国人的确在这个贸易体制下已经进行了多年的贸易活动，如何改变这个体制以便使中外贸易更加充分与自由，直到这个时候似乎也不是清政府要解决的问题。在广州非常著名的美国医生与传教士伯驾（Peter Parker）在禁烟期间为林则徐节译过瑞士法学家瓦特尔（时译为"滑达尔"）（Emeric de Vattel，1714—1767）撰写

---

[1] 转引自陈舜臣《鸦片战争》，卞立强译，第157页。
[2] 同上。

的《万国法》（*Law of Nations*），并将节译部分命名为《各国律例》。林则徐从中知道：外国人在别的国家犯罪，应遵循该国的法律处置。这也是林则徐坚持要义律配合交出尖沙咀偶然事件中肇事英国人并能够大胆地根据中方的需要命令英国人签具甘结（递交保证书）的原因。

无论如何，1793 年之后的中国已经被彻底揭开了面纱，渐渐地，中国开始被赋予更多的负面的词汇和句子："好斗的虚荣的民族""可耻的停滞""进行了防腐处理的木乃伊"，如此等等。导致清政府在鸦片战争中失败的直接原因当然是军事力量、军事技术与战术的明显悬殊。传教士南怀仁（Ferdinand Verbiest，1623—1688）为清政府制造了 500 多门大炮，清政府不是没有意识到新的武器的重要作用，可是，道光朝，清军火炮所面对的英国军舰和武器已经远比中国先进。终究，仍然是"天朝"在政治、军事以及思想文化领域的落后、自大与愚蠢导致了国家的失败。这种愚蠢是如此无以复加，关天培等将士在虎门以身殉国之后，道光皇帝没有召集朝廷大臣检讨教训与分析问题，却指责琦善："慰忠魂无他法，全在汝身。"[①]——这已经是一个不可避免地将被"船舰利炮"

---

① 《筹办夷务始末》（道光朝），第 2 册，第 816 页。本书转引自茅海建《天朝的崩溃：鸦片战争再研究》，生活·读书·新知三联书店，2005 年，第 233 页。

打烂的国度。① 的确，从 1840 年秋英军的进攻，到 1842 年 3 月清军组织的浙东反攻的失败，撇开官员们的撒谎、无知与无能不论，除了不少清军将士的"可歌可泣"的壮烈牺牲，用"落花流水"来形容鸦片战争中清军的失败不为过分。

战争期间，1841 年 9 月 10 日，有人在《泰晤士报》上叫嚣：

> 必须使用某种接近于绝对恐怖的手段，只有这样，中国人如此嚣张的狂妄自大和根深蒂固的自信自负才有希望垮掉……但是现在不幸的是，如果不使用一些可怕的战争恐怖手段，就没有什么机会消灭中国人的狂妄自

---

① 1842 年 3 月 21 日，浙江巡抚刘韵珂上了一道"十可虑"的奏折。通过提问的方式，对之前的战役失败进行总结。其一曰：浙江清军两遭挫衄，锐气全消，势难复振。其二曰：续调西北劲卒，距浙窎远，缓不济急。其三曰：英军火器猛烈异常，无可抵御。其四曰：英军并非不善陆战。其五曰：清军即便在陆上幸胜，英军登舟遁去，清军只能"望洋兴叹"。其六曰：英军以小惠结民心，彼此相安，民众"转以大兵进剿为虑，是民间鲜有同仇敌忾之心"。其七曰："大兵屡败，敌骄我馁，不唯攻剿难，防守亦极为不易。"其八曰：浙江漕粮，多未完竣，"且有收不及半之处"，"皆由逆氛未竣"。其九曰：浙江去年雪灾，杭、湖、绍等府"匪徒聚众抢掠，势甚鸱张"。其十曰：七省防费甚钜，"糜饷劳师，伊于胡底？"（见《鸦片战争档案史料》第 5 册，第 88—92 页。本书转引自茅海建《天朝的崩溃：鸦片战争再研究》，第 414—422 页）。总括这十虑，涉及清军腐败，各省调兵异常迟缓，对英军军事技术缺乏认识，不了解英军的陆战能力，缺乏先进工具，官、军、民之间的矛盾影响抵抗英军的力量聚集，对战争的未来缺乏信心，政府漕粮不济，担心民间对清政府的反抗力量，战争缺乏军费。这十个"深可焦虑"的问题，朝廷上下无一人能够解决，实际上，"十可虑"已经透露出鸦片战争正在加速"天朝"的崩溃。

大和自信自负。[①]

而在 1842 年《南京条约》签订之后，有数年中国经验的义律的看法却是这样：

> 你在中国为实现目标所必须采取的举措越少越好。那些目标，或那个目标，是确保贸易的通畅。确保商务的安全稳定是你在中国的全部需求，是在对自己不造成伤害的条件下你能得到的全部……尽量避免与政治相勾结，而要尽力把你自己与中国的人民和体制联结在一起（很好地去顺从之），而不是强制把他（它）们纳入到你的蓓尔美街的时尚和习惯做法中去。[②]

1851 年，英国在海德公园举办首届世界博览会。面对中国产品，查尔斯·狄更斯（Charles Dickens）不是欣赏而是嘲笑了一下中国：

---

① 本书转引自［英］蓝诗玲《鸦片战争》，刘悦斌译，第 239 页。
② 原载罗巴克《占领香港：查理·义律和克拉拉·义律在中国海域》，第 206 页。本书转引自［英］蓝诗玲《鸦片战争》，刘悦斌译，第 234 页。

想一想景德镇制造精美绝伦的茶具所使用的材料吧……再看看这个华夏帝国辛辛苦苦雕刻出的象牙球，球中有球，一层套一层，几千年来没有什么改进，也没有什么实际用处。[1]

1854年，英国借中美《望厦条约》中含糊其辞的条款向清政府提出全面修改《南京条约》的要求，被拒；1856年，《望厦条约》届满十二年，美国、英国与法国之间达成默契，又一次提出修改条约的要求，仍未得逞。最终，第二次鸦片战争以亚罗号事件及马神甫事件为导火索而爆发。[2]1858年6月，清政府因大沽炮台失守，与俄、英、法、美又分别签订

---

① 本书转引自［英］蓝诗玲《鸦片战争》，刘悦斌译，第330页。

② 因亚罗号事件及马神甫事件，英国人将其称为"亚罗号战争"（The Arrow War）、"英法联军之役"（Anglo-French expedition to China）或"第二次中英战争"（Second Anglo-Chinese War）。又因为这场战争与第一次鸦片战争有牵连，所以也称"第二次鸦片战争"。1856年秋，清政府扣押了挂着英国国旗的中国船（那时任何人只要交钱给香港政府就能够挂英国国旗），船员被作为海盗送进监狱。英国领事巴夏礼（Sir Harry Smith Parkes,1828—1885）提出抗议，声称该船因为在英国殖民地注册，应交由香港处理。两广总督叶名琛仅仅交还了俘虏，但没有满足英方关于将英国国旗重新升到帆船桅杆顶端的要求，英方拒绝接受俘虏，结果船上的俘虏被叶名琛命令全部斩首，导致冲突升级。同时，英国邀请法国参加对中国的宣战，法国皇帝借法国传教士马赖（Auguste Chapdelaine,1814—1856）在广西西林被杀事件，与英国组建联军，对中国开战。1857年12月，联军攻下广州，叶名琛被俘并被押到加尔各答，在那里去世。

《天津条约》；同年，俄国以武力迫使黑龙江将军奕山（1790—1878）签订《瑷珲条约》。1860 年 8 月，联军以清军将英法使节团多人虐待致死为由，采取了报复行动，中国因此而丧失了东北及西北共 150 多万平方千米的领土。之后，外国公使驻京加强了对清政府的影响和联系，外国资本的触角由东南沿海进入中国内地。接下来的几年里，清政府利用列强势力围剿太平天国。其间，1863 年 4 月 26 日的《纽约时报》以"英国鸦片贩子力阻清国禁烟"为题写道：

> 鸦片贸易从《南京条约》签署的那一刻起，就一直在增长着。罪恶的毒品正源源不断地涌入这个国家的每一个港口、每一英尺海岸线，并且，还在向它幅员辽阔的内陆腹地蔓延。每年输入大清国的鸦片烟高达 6 万多箱，却仍旧不能满足这个无限扩大的市场之需求！①

---

① 转引自郑曦原编《帝国的回忆：〈纽约时报〉晚清观察记》，生活·读书·新知三联书店，2001 年，第 24—25 页。

VII

在狄更斯描述中国的象牙球至《纽约时报》报道英国并没有因为《南京条约》的签署减少反而进一步肆无忌惮扩大了对中国的鸦片贸易之间的十几年里，中国的政治、经济以及社会不断示弱和溃烂，越来越多的问题开始暴露、聚集并交织在一起。

也正是英国举办第一届世界博览会这一年的同一个月，洪秀全（1814—1864）宣布"太平天国"成立，他是这个"新朝代"的"天王"。太平天国的队伍主要为岭南贫民，因为接触过新教传教士翻译发行的中文《圣经》，早期的学业失败与仕途的无望，导致洪秀全通过改造基督教教义——譬如说他本人是耶稣基督的弟弟——作为他起事发难的说辞，这是太平天国与之前其他许多民间造反的不同之处。太平天国发布檄文抨击清政府的腐败和无能，号召人们推翻这个腐败的王朝，以致唤起了信众的反抗情绪。基于更多对清政府不满的人的支持，太平天国使得这个自称的"天国"持续了十四年（1851—1864），夺城掠池的严重事态对清政府构成了巨大的威胁，但是，被认为是基督教的指导思想事实上远离教义，人们很容易将太平天国首领们的言行视为邪教。最终，太平天国运动导致2 000多万人的死亡，跟着的灾难就是瘟疫与社会的进一步凋敝与衰落。事实上，起义首领们本有可以取胜的共同意志，但他们之间却为了权力而相互猜忌并杀戮。另一个情况是，西方列强出于自身的利益，并没有因为太平天国的教义与基督教有关就给予支持，相反，他们仍然决定通过帮助清政府剿灭太平天国，以保证并巩固之前与清政府之间签署的各项条约的执行。可以想象，太平天国与几乎同时期的其他民间反清组织例如北方的捻军和南方的红巾军之间没有交集，这些力量各自为战，最后也都归于失败。

　　参与围剿太平天国和捻军的清军主要人物有曾国藩、李鸿章和左宗棠。他们虽然是汉人，但鉴于满族人中已经没有人有能力解决朝廷外患，即便清朝歧视汉人是不用言说的事实，但天下已乱，考虑到社稷安危，朝廷也不得不起用汉族官员。可以想象，作为汉族官员，曾国藩等人镇压太平天国的一个重要原因是针对太平天国信奉所谓基督教义而必须全力捍卫儒家道统，以致太平天国提出的反对清朝的民族主义号召很自然地被暂时压制下去，这时，满族人统治的社稷与儒家道统继续表现出互为依托。满族人为了镇压太平天国重用汉族官员，使得后者在地方上的势力获得了发展，并在1900年对义和团的镇压和采取的"东南互保"策略中达到了顶峰。与之同时，汉族官员在清政府内部的权力结构中开始占有重要的地位。

当太平天国和捻军被剿灭后，清政府内部感到一丝轻松，仿佛朝廷又有了希望，有人便使用"中兴"一词来为清政府打兴奋剂。虽然这样的气象在咸丰时就有了端倪，可是，由于不少成绩出现于同治时期，故历史更常用"同治中兴"①。1860年清政府与英法媾和，暂时缓解了与列强的紧张关系，而太平天国被剿灭(1864年)也给清政府解除了王朝被倾覆的危机。考虑到两次鸦片战争在军事上的失败，那些冷静的官员对船坚炮利的重要性有了非常明确的认识。钱穆在《国史大纲》里提示："曾氏同治元年五月七日日记,详论洋务,谓:'欲求自强之道，总以修政事、求贤才为急务，以学作炸炮、学造轮舟等具为下手工夫'云云。"这是一段为时差不多四十年艰难而富于成效的变革，所展开的事业和涉及的问题殊难划清边界，以至于历史学家也倾向用"洋务运动""自强新政"以及"同光新政"来表述这段历史。

---

① 被认为1869年（同治八年）出于清代士人之口。

在洋务运动的几十年里，人们再一次感受到了西方传教士的作用。尽管太平天国假基督教的名义所暴露的"邪教"行为让人们对基督教产生了更多的质疑，但是，基于两次鸦片战争受到的威胁和对心理变化的促进，传教士的作用再次被发挥和受到关注。[①] 1843 年，英国传教士麦都思（W.H.Medhurst，1796—1857）在上海开设墨海书馆，通过翻译出版传播了大量的西方科技和文化，一种接近现代传播的方式出现了。在书馆任职的王韬（1828—1897）曾与太平天国有通信往来，遭到清政府的追捕。可是，他之后因在香港主编的《循环日报》中竭力宣传自强变法的观点，受到清政府洋务派的接纳。同时，家境贫寒的人总是受到传教士开办的学校的欢迎，在富贵有钱人鄙视这类学校的时候，没有家庭成见的下层年轻人很容

---

① 1724 年，雍正皇帝（1678—1735）将基督教宣布为"邪教"后，西方传教士的工作进一步受阻。不过，传教事业没有因为千难万险而完全终止，丁韪良的判断是：

1724 年，传教士被赶走，皈依者遭到流放。只是由于清朝官员对禁令的施行不够协调一致，散布在广大内地的基督徒小社区得以保存，现在仍然可以这样。中国像罗马帝国一样，一省份中疯狂迫害基督徒，而另一个省份的基督徒则安然无恙。一又四分之一个世纪过去了，最高当权者并没有取消禁令的倾向，反而断时续地执行禁令。鸦片战争结束时，仍有许多忠实的基督教徒在流放中。

在此期间，少数传教士成功地隐身在基督教村庄里，他们冒着生命危险到那里，以安慰和鼓励受迫害的兄弟。（［美］丁韪良：《花甲忆记——一位美国传教士眼中的晚清帝国》，沈弘等译，第 298 页）

这种情况持续到 1844 年，中法条约使得传教禁令被明文撤销。

易接受洋人教师的影响，这类学校的确培养了容闳（1828—1912）、郑观应（1842—1922）等之后将为这个国家做出贡献的学生。[1] 可以想象，与外国人的交往和沟通日益频繁，语言成为重要的工具，1862 年（同治元年），作为外国语言学习学校的同文馆开办，教习无疑都是外国人。[2] 之后，1863 年，江苏巡抚李鸿章（1823—1901）奏请在上海设立同文馆（后改称"广方言馆"），1864 年，在广州设立同文馆。在那些敏感的官员的努力下，1865 年，同文馆加设科学馆。这些举措都属于自强运动中的一部分。在一份恭亲王奕䜣的奏折中，就有这样的表述：

> 因思洋人制造机器火器等件，以及行船行军，无一不自天文算学中来。现在上海（浙江等处）讲求轮船各项，

---

[1]　容闳一开始是在马礼逊（Robert Morrison）学校的一间预备学校读书，以后直接进入从澳门移迁到香港的马礼逊学校。郑观应曾入英国传教士傅兰雅在上海开办的英华书馆夜课学习英文，同时了解西方政治、经济方面的知识。傅兰雅（John Fryer，1839—1928）于 1861 年到中国，先后在香港、北京、上海教书。1868 年受聘江南制造局翻译馆，同时担任广方言馆教习、格致书院董事和《格致汇编》主编。翻译涉及军事、工程技术以及社会科学著作 77 种，他的工作为建立中国翻译工作的准则提供了基础。

[2]　最初有编修郭嵩焘（1818—1891）奏陈学习西语。同文馆初期的教师是英国传教士包尔腾（J.S.Burdon），1863 年续设法文、俄文两馆，包的后继是英国传教士傅兰雅，再后是美国传教士丁韪良。学生一开始限于八旗子弟，但生源不够，便向汉人开放。

若不从根本上用着实功夫，即习学皮毛，仍无裨于实用。臣等公同商酌，现拟添设一馆，招收满汉举人及恩拔岁副优贡，汉文业已通顺，年在二十以外者。……举凡推算格致之理，制器尚象之法，钩河摘洛之方，倘能专精务实，尽得其妙，则中国自强之道在此矣。

向西人学习的安排受到保守官员的抵制与反对，例如山东道监察御史张盛藻（1819—1896）坚决反对满汉科举正途出身人员入馆学习，他说这类学生应该限制在学习孔孟之道的范围内，以防止他们因对技艺的学习而失去了纲纪气节的纯粹性；大学士倭仁干脆说不能够用夷人做教师，否则会亡国灭种。但是，所有这些阻力没有阻挡聘请传教士和外国人传授西方知识的教育事业的发展，在同文馆四十年的历史中，人们能够非常清晰地看到美国长老会传教士丁韪良（William Alexander Parsons Martin）和爱尔兰传教士欧礼斐（C.H.Oliver）这两位总教习的身影以及他们的成果。1863 年，由冯桂芬（1809—1874）最早提出请洋人授课，以后由李鸿章上奏折获朝廷批准的上海广方言馆开办，1868 年，江南制造局翻译馆设立，次年上海广方言馆并入，在这个事业中，英国人傅兰雅和美国传教士林乐知[1]在教学和翻译著作方面，做出了让人极为钦佩的贡献。梁启超（1873—1929）是这样评价他们与中国同事的事业的：

> （鸦片战争以后），震于西人之船坚炮利，于是上海有制造局之设，附以广方言馆，京师亦设同文馆，又有派学生留美之举，而目的专在养成通译人才，其学生之志量，亦莫或逾此。故数十年中，思想界无丝毫变化，惟制造局中尚译有科学书二三十种，李善兰、华蘅芳、赵仲涵等任笔受。其人皆学有根柢，对于所译之书，责任心及兴味皆浓重，故其成绩可比明之徐、李。[2]

1887年，由英、美基督教新教传教士和外交人员、商人在上海创立广学会（The Christian Literature Society for China）。

---

[1]　林乐知（Young John Allen，1836—1907）于1860年到中国传教与教书。1869年进入广方言馆，1881年辞去译员的工作，从事中西书院和教会工作。翻译过8本著作。傅兰雅追忆："林氏当时的工作极度紧张，昼夜不息，无间风雨，每日上午在广方言馆授课，午后赴制造局译书，夜间编辑《万国公报》，礼拜日则日夜说教及处理教会事务。同事十年，从未见其有片刻闲暇，虽尝劝其稍稍节劳，以维健康，而彼竟谓体内无一懒骨。"（转引自赵睿《自强新政》，上海书店出版社，2002年，第74页）

[2]　转引自赵睿《自强新政》，第75页。

主要成员有韦廉臣（Alexander Williamson，1829—1890）、李提摩太（先后任总干事），慕维廉（William Muirhead，1822—1900）、林乐知、艾约瑟、丁韪良、李佳白（Gilbert Reid，1857—1927）这样一些传教士。实际上，该会主要是一个出版机构，编译出版了 2 000 多种图书，范围远远不限于神学、技术，更涉及历史、政治、法律、商业、文学等方面。光绪皇帝准备变法之际购买了 100 多种介绍西方新学的书，其中有 89 种是广学会出版的。推动戊戌变法的康有为（1858—1927）承认：他的变革思想主要来自李提摩太和林乐知的著作。

鉴于两次鸦片战争事实上导致清政府原有的礼部、理藩院已经无法处理对外事务，最重要的原因是西方国家绝不再认可朝贡国或藩属的待遇，1860 年清政府设置了明确的外交机构抚夷局。可是，西方人已经知道了"夷"字是对他们的蔑称，他们在《天津条约》中干脆明确要求清政府不能继续使用这个字。1861 年 1 月 11 日，恭亲王奕䜣就会同桂良、文祥上奏《通筹夷务全局酌拟章程六条》，这可以看成是洋务运动的开端。根据改革要求，抚夷局改名为"总理各国事务衙门"（简称"总理衙门"），一个处理外交事务的国家机构产生了——之前咸丰皇帝规定只有广州的钦差大臣有权处理"夷务"。这年 11 月，奕䜣与太后结盟，发动政变，慈禧获得了实际的权力。之后，总理衙门渐渐从临时的外事处理转变为一个提出改革举措的军事中枢。之前因与英国成功谈判并获得列强支持赢得宫廷政变胜利[1]的奕䜣说："窃臣等酌拟大局章程六条，其要在于审敌防边，以弭后患。然治其标而未探其源也。探源之策，在于自强，自强之术，在于练兵。"在围剿太平天国的过程中，清政府在购买外国船炮和军事武器的同时，聘请西人训练新式军队。考虑到形势非常严峻，清政府需要更多更有效的支持，作为汉人武装的曾国藩的湘军和李鸿章的淮军，也在武器配置和训练上获得了机会。曾国藩对造炮制船非常急切，对凭此取得战争的决定性的胜利充满期待，他从1861年攻占安庆之后，就开始了军工厂的设置，建立了安庆内军械所。1866年，中国独立自制火轮船"黄鹄"号下水成功，这是中国近代军事工业的开端。我们可以把洋务运动或者自强新政所开辟的主要工业成就列一个清单：

1861年，设立总理各国事务衙门，曾国藩在安庆设内军

---

[1]　英国公使布鲁斯（Federick Bruce）在一份给国内的报告中提及了对奕䜣宫廷政变的支持："在过去十二个月里，[我们]培植了一个倾向并相信作友善交往之可能性的派别，且有效地帮助了这个派别掌权，这绝非是细小的成功。[我们]业已在北京建立了令人满意的关系，并已在某种程度上成为政府的顾问，而十八个月前我们还在同该政府开战。"转引自［美］徐中约《中国近代史》（上册），计秋枫、朱庆葆译，香港中文大学出版社，2001年，第264页。

械所。

1862 年，北京设立同文馆，徐寿①制成中国第一台实用蒸汽机；李鸿章创办上海洋炮局，聘德国军官教练中国军人学习步枪。

1863 年，李鸿章在上海开办外语学堂（广方言馆），恭亲王安排购买八艘英国轮船。

1864 年，李鸿章在苏州设洋炮局，在广州开办同文馆。

1865 年，金陵机器制造局开建，曾国藩和李鸿章在上海设立江南制造局。

1866 年，左宗棠在福州马尾开设福州船政局，崇厚在天津创办军火机器局。

1867 年，李鸿章开设金陵机器制造局。

1869 年，福州机器局设立。

1872 年，左宗棠设立兰州机器局，李鸿章创办轮船招商局；经曾国藩和李鸿章提议，送 30 名幼童赴美国留学。

1875 年，丁宝桢筹建山东机器局。

1878 年，开平矿务局设立。

---

① 徐寿（1818—1884），江苏无锡人。他是一个对西方自然科学、工程技术有研究的博学者，曾自制指南针、象限仪。在安庆内军械所，他参与了中国第一台实用蒸汽机的制造。

1879 年，盛宣怀（1844—1916）创办湖北荆门煤矿，左宗棠设立兰州织呢局，大沽与天津之间开设电报线路。

1880 年，李鸿章在天津设立电报局，开办水师学堂。

1881 年，李鸿章等创办承德平泉铜矿，上海至天津电报电路开通。

1885 年，清政府设立海军衙门。

1886 年，张之洞（1837—1909）在广州建纺织局。

1888 年，北洋舰队建制规模。

1889 年，张之洞筹建湖北汉阳铁厂。

1890 年，张之洞开办大冶铁矿、汉阳铁厂和萍乡煤矿。

1891 年，李鸿章在上海建造纸厂。

1893 年，李鸿章设立机器纺织总局。

1894 年，湖北建火柴公司，"官商合办"缫丝总局。

1898 年，中国通商银行设立。

在英、法与清政府订立《北京条约》不久，李鸿章已经非常清楚问题所在。他于 1864 年写给恭亲王和文祥的信是一份极为重要的历史文献，与大多数士大夫不同，此时，李已经明确了接受西方科学知识，国家因应求变，同时培养新型人才的极端重要性：

鸿章窃以为天下事穷则变，变则通。中国士大夫沉浸于章句小楷之积习，武夫悍卒又多粗蠢而不加细心，以致用非所学，学非所用。无事则斥外国之利器为奇技淫巧，以为不必学；有事则惊外国之利器为变怪神奇，以为不能学。不知洋人视火器为身心性命之学者已数百年。一旦豁然贯通，参阴阳而配造化，实有指挥如意，从心所欲之快。……前者英、法各国，以日本为外府，肆意诛求。日本君臣发愤为雄，选宗室及大臣子弟之聪秀者往西国制造厂师习各艺，又购制器在本国制习。现在已能驾驶轮船，造放炸炮。……中国欲自强莫如学习外国利器。欲学习外国利器则莫如制器之器，师其法而不必尽用其人。欲觅制器之器与制器之人，则我专设一科取士，士终身悬以为富贵功名之鹄，则业可成，业可精，而才亦可集。

基于儒家传统的根深蒂固以及清政府自我维系的立场，洋务运动终究是一场被逼迫进行的国家运动，那些儒家精英显然希望通过自己的努力为清政府的存续进而富强兴盛提供帮助。变革首先从国防军事技术和力量的建设入手，直接原因是他们看到了西方军队以及新式武器对太平天国的有效剿灭；同时，为了减少列强欺凌并最终保持"中华天下"的尊严，也需要新的武器，而依靠自己生产将使实现目标获得保证。这是一场局部临摹西方文明图画的运动，远远缺乏工业化的历史逻辑与进程，现在，出于拯救清王朝于危亡中的目的，才有了少数精英（除了恭亲王他们都是汉人）全力以赴的努力。不少工厂和机器突兀地出现，中国开始有了新的风景。不过，尽管有不少地方政府官员的推动和支持，但是，并不意味着这是一场广泛的民间工业运动，那些重要的工厂和制造局大都控制在政府官员手中，商人与之合作，但接受政府官员的领导，正所谓"官督商办"。具体地说，在资本投入方面，洋务事业的资金主要来自地方官员的筹措，作为中央政府的首脑，皇帝的作为差不多仅仅是给予认可。不过，资金总是有限，这样，那些买办和私人资本，就成为这种引入式工业化的一分子。考虑到洋务运动是由政府官员决定产业政策和负责监管，为项目提供批复和筹划的合法性，而私人资本的代理人总是企业的实际经营管理者，这是利用政府资源、动员民间力量去实现政府或国家目标的官僚资本主义最早的例子。在坚决不允许国外资本进入中国的情况下，这种体制在推动事业发展上暂时比纯粹的民间工业更有力量，但是，其意志与目的显然是直接为国家和政权服务的，它并不属于这个国家为发展经济而发起的一场符合西方工业逻辑的运动。

即便"洋务"本身在清政府内部也被严重诟病，不少迂腐而保守的人认为这有违传统儒家观念——这些人发现技术官僚越来越有地位。但是，也没有一个洋务派人士认为发展私营经济是正当的和值得鼓励的，除非那是一个服务于国家富强的环节，整个洋务运动前期的口号是"自强"，后期则是"富国"。因此，将耗时三十几年的洋务运动大致表述为"国家资本主义"也许是容易理解的。

作为洋务运动精英队伍中的一员，在李鸿章的淮军到达上海时投入幕府的道光进士冯桂芬为自强新政提供了思想上的养料。冯在他的《校邠庐抗议》中这样表述："以中国之伦常名教为原本，辅以诸国富强之术。"冯将传统儒家经典视为中国之为中国的核心本源，只要具备西方人的技术，就能够继续确保中华帝国的统治。冯甚至在政府行政的组织结构上也做了试图避免过分集权和官僚化的建议，冯的军事和外交并重的观点强烈地影响了李鸿章。之前，魏源的观点是利用西方人的技术去抵御西方人（"师夷长技以制夷"），现在，可以明确地说用西方的技术来为中华道统服务，盛宣怀等人概括地使用了"中体西用"这个表述，意思是儒家思想这个"体"不能变，可以改变的是如何维持这个体的具体技术和方法。这个时期，不少希望改变困境的人在大脑里都是这样的体用逻辑，在他们的心里：古代圣贤之道和上古三代圣人之法（冯桂芬）或者尧舜禹汤文武周公之道（薛福成）是不能够改变的，采用西方技术恰恰是为了维护祖宗之法。即便如此，洋务派的事业仍然推进艰难，例如铁路的修建。在洋务派看来，修建铁路已经非常必要。可是，就像当时的国外记者注意到的，清朝对外国的新技术采取的是退缩态度，政府认为：铁路的修建会导致苦力与车夫以及船夫的失业，以致产生对政府的反抗，同时，由于新技术的引进，外国人的势力会不断增强，导致"同外国人之间的交往会变得令人讨厌地复杂化"，此外就是民众因迷信而认为铁路的修建会破坏风水，影响他们的生活与农业。[①] 直至 1876 年，在未征得清政府许可的情况下，上海怡和洋行英商修建了淞沪铁路（从吴淞到上海），全长 15 千米，可是，在经营了一年多后，清政府干脆用 28 万两白银将其赎回，并予以拆除。直至 1878 年 8 月，洋务派主持的开平矿务局正式开办，为了将开采的煤从矿区运到海边港口装船，李鸿章上奏朝廷，请修铁路。李聘请开平矿务局工程师、英国人金达负责督修。1881 年 6

---

① "铁路和电报有望在清国出现"，《纽约时报》1867 年 6 月 3 日。

月 9 日，中国第一条铁路——唐胥铁路，终于开始动工兴建。①在洋务派力量的推动下，1886 年，开平铁路公司成立，独立经营铁路业务。之后，该铁路不断展筑天津（1888 年）以及更远的不同方向，中国铁路历史获得了推进。

不要忽略一个改变历史的重要因子，即早年留学美国并毕业于耶鲁大学的容闳全力推动的留学运动。事实上，那些洋务派的主要人物一开始就注意到了西方技术以及相应的人才对于国家"自强"异常重要，李鸿章敏感地告诉那些仅仅停留在设厂和建立新学校的人，"设局制造，开馆教习，所以图振奋之基也。远适肄业，集思广益，所以收久大之效也"。就在曾国藩聘请容闳去美国购买机器的同时，让中国人直接到西方国家学习的努力已经接近目标。尽管之前设立同文馆教授西学就遭遇士大夫阶层的反对，可是，终究没有阻止曾国藩和李鸿章于 1871 年奏定选派幼童赴美肄业章程，1872 年容闳、陈兰彬带领首批 30 位幼童赴美学习。从表面结果看上去，幼童留学好像是一次失败的举措：1881 年，总理衙门向皇帝

---

① 在筹办开平铁路时，朝廷又叫停铁路的修筑，开平矿务局只能开掘运河运煤。然而，运河挖到胥各庄遭遇高陡地势，河水无法引上去。矿务局再次请修铁路，朝廷批复的条件是只修胥各庄到唐山之间一小段。不过，考虑到不要震怒东陵的先王神灵，因此清政府要求禁止使用机车拉动车厢，只能用骡马拖拉，这就是中国历史上的"马车铁路"。

呈递了"奏请将出洋学生一律调回"的奏折，这年 8 月 21 日，美国牧师在避难山教堂为即将离开美国回国的中国学生举行了告别晚会。的确，清政府里对学习西方持反对立场的人胜利了，那些已经学会了电报技术、铁路建设，树立了自由信念的留学生回到祖国完全没有受到人们的关注更不用说瞩目：

> 人潮环绕，但却不见一个亲友，没有微笑来迎接我们这失望的一群。码头上，有手推车人力车的苦力，力争生意，指手画脚，吵闹喧嚣。
>
> 只有一个人上船来接我们——管理我们信件的陆先生，一个连平庸的中国人都不如的笨伯。他不雇用马车或船将我们载往目的地——中国海关道台衙门，却雇用独轮车来装载我们。行程迟缓，使我们再度暴露在惊异、嘲笑的人群中。①

上述是留学生黄开甲给我们描述的留学生归国回来的历史现场（1881 年）。可以想象，尽管李鸿章将回国留学生中的 70 人留在了他的北洋水师，基于清政府的政治衰败，这

---

① 黄开甲（1860—1906）给他在美国的"家长"巴特拉夫人的信，1882 年 1 月 28 日发自上海。

些即便有西方知识、聪慧勇敢的军官也没有挽回以后甲午海战的失败。但是，无论如何，十年间派往美国的留学生通过对西方思想的掌握和充满责任感的努力在事实上改变了中国。[①]

1898 年，洋务运动早已式微，张之洞发表了《劝学篇》，这本归纳自强新政以来人们关心的问题的通俗读物，对这时人们有关"新"和"旧"的知识给予了界定，并表达了作者认为中国人应该持有的体用立场：

> 四书、五经、中国史事、政书、地图为旧学，西政、西艺、西史为新学。旧学为体，新学为用，不使偏废。（《劝学篇·设学》）

他还用中学与西学与"新""旧"学对应：

---

① 清政府官派留学美国计四批共 120 人，最后一批是 1875 年。留学学生归国后产生了不少电信专家（如方伯梁、唐元湛、周万鹏等）、铁路专家（如詹天佑）、医学专家（如林联辉）、政治家（如容星桥）、外交官（如梁城、刘玉麟）。辛亥革命后中华民国第一位总理唐绍仪（1862—1938）就是留美学生。实际上，早在"庚子事变"之后，袁世凯（1859—1916）就开始了对留美学生的重用。1896 年 6 月，清政府再开留学。不用细数，在之后前往日本与欧洲的留学潮中，产生了大量影响并改变 20 世纪中国历史的人物。

中学为内学，西学为外学，中学治身心，西学应世事，不必尽索之于经文，而必无悖于经义。如其心圣人之心，行圣人之行，以孝悌忠信为德，以尊主庇民为政，虽朝运汽机，夕驰铁路，无害为圣人之徒也。（《劝学篇·会通》）

这样的思想表明：中国士大夫的传统已经开始明确包容曾经不屑于用心的西方技艺，这也意味着那些来自西方的知识与儒家思想传统可以因社会生活与内心的需要而各行其道，不发生矛盾。这样的态度是对引进西方科学技术甚至相关知识的一种开放。张对中国的现状和未来是如此焦虑，以至于1903 年他自费将自己的儿子也送去了美国读书。①

与儒家文明一样，西方文明自然有其自身的逻辑结构，举例说，一位传教士有可能提供一种来自欧洲文明的知识，可是，这个知识在另外一个处在复杂演变过程的文明系统中究竟能够产生怎样的体用关系？历史有太多这样的记载，只

----

① 即便是 1903 年的中国，人们对于出国留学仍然抱有疑虑。外电报道："张之洞自费将儿子送往美国留学，……此举引起当地舆论密切关注，并使当地那些达官贵人大为震惊。"（"慈禧召张之洞进京议政"，《纽约时报》1903 年 4 月 13 日）

要有一个偶然的误解与冲突发生，不同文明在一个具体事件上的冲突就可以演变为一个整体性的对抗和排斥。①从绝对排斥西学的顽固立场，到"西学中源"——康熙皇帝就非常接受这样的表述——的修饰，再到"新学为用"的提醒，这是一种在政治、经济、军事以及整个社会生活发生物理改变的同时呈现出来的风气转换，这样的风气转换既是社会变化的结果，也是社会变化的原因。是故，在清政府与西方列强不断发生种种冲突而导致不同应变时，也才引发张之洞发表如下的判断：

> 图救时者言新学，虑害道者守旧学，莫衷于一。旧
> 者因噎而食废，新者歧多而羊亡。旧者不知通，新者不

---

① 西方传教士在中国的事业总是因文明的差异而面临冲突。同时，世俗社会中的日常矛盾也会因为信仰立场和宗教态度而复杂化。传教士丁韪良在以后归纳道：

自那以后，又有二十起或者更多起规模之大足以引起海外注意的排外暴行，它们并非全是反教团的。今年再次达到高潮，四川省府驱逐传教士，福州附近的古城（可能是古田——引者）发生屠杀。多数教案的每一细节都符合其原型——开始是书文揭帖发动民众，然后是清朝官员装聋作哑（接到援助请求时，他们总是很晚才到场），最后是询问多少颗人头、多少金钱才能满足赔偿要求。（［美］丁韪良：《花甲忆记——一位美国传教士眼中的晚清帝国》，沈弘等译，第 301 页）

不过，天津教案也导致清政府更加注重外交沟通事务，不少官员认识到了解、认识并学习西方刻不容缓。这促成了次年由容闳推动了十六年的留学计划通过曾国藩和李鸿章给朝廷的奏折获准批复。

知本。不知通则无应敌制变之术，不知本则有非薄名教之心。夫如是，则旧者愈病新，新者愈厌旧，交相为愈，而恢诡倾危、乱名改作之流，遂杂出其说以荡众心。学者摇摇，中无所主，邪说暴行，横行天下。敌既至，无与战；敌未至，无与安。吾恐中国之祸不在四海之外，而在九州之内矣。（《劝学篇·序》）

张之洞的观点是甲午战争之后部分士大夫努力适应局势巨变的一种思想立场，以至"中学为体，西学为用"也成为激进的流行语[1]，彼时，人们易于接受这类以中国文化为主体、兼学西洋的调适方案，所以，在之后的戊戌变法期间，《劝学篇》印制200万册，远远多于引入现代思想的康有为与梁启超的著作。

大多数人仍然停留在原有的知识与经验对局势进行判断，何况还有个人权利和利益方面的得失考虑。只有那些具有责任心和勇气的人才甘愿将自己的得失放进国家的得失中去考虑。1858年的《天津条约》和1860年的《北京条约》涉及交往各

---

[1]　关于"中学为体，西学为用"的表述不限于张之洞，在冯桂芬、王韬、郑观应以及陈炽等人的思想中都有体现，仅仅是张将这个问题进行了清楚的阐释。梁启超在《清代学术概论》里说："甲午丧师，举国震动，年少气盛之士，疾首扼言维新变法，而疆吏若李鸿章、张之洞辈，亦稍稍和之。而其流行语，则有所谓'中学为体，西学为用'者，张之洞最乐道之，而举国以为至言。"

国互派公使，然而对中国皇帝（咸丰）来说，这无疑是一种体统颜面的丧失，在他看来，互派常驻使节这个条款比免除关税更为严重，在第二次鸦片战争中的谈判条款中，互派使节一开始几乎没有任何商量的余地。[①] 到1876年，中国第一个外交官郭嵩焘——他在长沙岳麓书院的同窗是曾国藩——前往伦敦任"出使英国钦差大臣"，这比额尔金代表英国到中国任公使晚16年，比蒲安臣（Anson Burlingame，1820—1870）代表美国到北京任职晚了14年。[②] 不过无论如

[①] 在谈判中，双方在讨论这个问题时显得完全不能够沟通。作为谈判翻译的传教士丁韪良记录了对话内容：

卫三畏：贵国皇帝欣然接受邻近国家诸如暹罗、朝鲜之使节，又为何拒西洋各国使节于京门外？

蕃台：陛下所以迟疑未决，乃有所顾虑。顾属国来朝必须如礼磕头，此礼节公必不愿遵循。贵国既自称兄弟，实要求平等对待。

卫三畏：阁下称某等为兄弟，却又为何将兄弟拒之门外？

蕃台：既然兄弟尚且分家，国家宜保持距离以敦睦感情。若允洋人进京，可能滥用特权，制造恶果。

卫三畏：英国使节若得常驻京师，可避免双方产生此类误会。

蕃台：阁下不必坚持，此事亦无须再议。朝廷已明禁此事。

（见［美］丁韪良《花甲忆记——一位美国传教士眼中的晚清帝国》，沈弘等译，第106页。）

[②] 之前，1867年11月21日，清政府正式下旨安排蒲安臣为"办办各国中外交涉事务大臣"。任职期间，蒲安臣代表中国与美国签署了《蒲安臣条约》（1868年）。其中含有清政府派遣留学生的条款，这是之后清政府批准曾国藩和李鸿章关于派遣中国留学生的奏折的法律基础。

何，这意味着中国开始进入新的国际交往礼仪和规则。① 郭嵩焘出使的原因一开始是因马嘉里案代表清政府前往英国致歉，在这位最早奏请咸丰皇帝开办外语学校的翰林院编修看来，了解世界已经刻不容缓，也许出于无奈或者有所意识，清政府将他加授为清朝常驻伦敦的公使。郭将自己从上海到伦敦五十天的日记整理成《使西纪程》，抄送给总理衙门，不过是想将自己的所见所闻与政府上下同僚共享，推动自强新政，以保国运续存。郭嵩焘收获的是一阵阵骂声，针对他提出的英国"法度严明、仁义兼至、富强为艾、寰海归心"这类看法，光绪进士、史学家李慈铭（1830—1894）表达了切齿的愤怒。事实上，这是一个普遍拒洋和仇洋的时期，在郭出使之前，就有人责问他：远渡重洋与外国人打交道，以后如何能够

---

① 丁韪良记录了 1858 年《中美天津条约》谈判期间当英国人（杜邦船长）建议中国总督"希望中国能够派遣领事到美国管理华人"时，中国官员与英国人之间的一段对话：

总督：鄙国尚无派遣官员出境之例。

杜邦：大洋彼岸贵国人数众多，多达数万人。

总督：吾皇治下有亿万斯民，怎会在乎漂流异域之零星流浪者？

杜邦：此辈大多十分富有。其于鄙国金矿淘到许多黄金，尚不值贵国对其稍加管理？

总督：吾皇财富无尽，又何必理会此等背井离乡之臣民与他们淘来之泥沙？

见［美］丁韪良：《花甲忆记——一位美国传教士眼中的晚清帝国》，沈弘等译，第 107 页。

有脸面见家乡人，如何对"天下后世"交代（刘坤一 [1830—1902] ）？湖南参加乡试的学生甚至开会商议是否去捣毁郭家的住宅。作为保守势力的掣肘工具，与郭嵩焘同去英国的副使刘锡鸿提交了一份报告，说郭嵩焘在奏折上不使用"钦差"二字，这是对谕旨的蔑视；在参观英军炮台时居然身披洋人的衣服；仿效洋人使用伞而不使用传统的扇；安排女性学习外语和看戏，坏乱风俗；如此等等。一共十条罪责。因对西方的赞美和摒弃传统的"夷夏之辨"的主张，郭嵩焘遭受了来自朝廷上下不同方向的攻击。[①]

　　1884 年，郭嵩焘进《因法事条陈时政疏》，已经表明了这时部分士大夫与西方相处得非常冷静和具有世界眼光：

　　　　窃查西洋之通中国，肇始西汉，海道通商，则原于隋唐之交，历今千数百年。至道光年间，鸦片烟行于中国，始有禁烟之议，办理参差，激成衅端。嗣是而又定海、宁波之变，又有镇江之变，又有广东省城之变，又有天津之变。再四交兵，或极一时之兵力，靡费饷需累巨万，

---

① 尽管郭"年二二，即办洋务"，但他对简单地学习洋人的技术去反制洋人的方法不以为然。1875 年，他任福建按察使，上书《条议海防事宜》，强调的是政治的治理，即"正朝廷以正百官"，同时他也强调了扶植民间"商贾"发展工商业、反对官办企业的意见，批评了"官督商办"国家资本主义的方式。

终至增加通商口岸，索赔兵费，前后五十年中，反复相寻，如出一辙。盖西洋以通商为义，自始开国至今千八百余年，兵力愈练愈强，制造愈习愈精，通商口岸亦愈推愈广。外蕃各国，盛衰强弱，或数十年数百年一变，惟西洋一主通商，历久不变。其占据地方，远至数万里，皆以通商为名，初无穷兵之心，而数反数复，必因衅以逞兵；亦并无争地之心，而屡战屡进，即乘势以掠地。南洋各岛侵占殆遍，无不由此，是以交涉西洋通商事宜，可以理屈，万不可以力争；可以诚信相孚，万不可以虚伪相饰；可以借其力以图自强，万不可恃其强以求一逞。[①]

人们可以找出种种理由证明洋务运动的失败是注定的：中央政府没有统一规划并整合资源，在衰世中的普遍贫困与资源缺乏，受列强不断的欺辱导致的进一步国库空虚，对西方文明知识缺乏整体性把握与系统性的了解，绝大多数人的愚昧与麻木所形成的社会空气，如此等等。这是一个被黑格尔（1770—1831）等西方哲学家和思想家认为没有历史的国家和民族，就像狄更斯一样，他们举出了大量的例子，说明

---

① 郭嵩焘：《使西纪程：郭嵩焘集》，辽宁人民出版社，1994年，第97—98页。

中国人的生活与思想是那样地重复与缺乏创造性，儒家思想是那样地封闭与缺乏逻辑性。的确，这个时期的中国，人们嘲笑那些与洋人打交道并学习西方知识的人，厌恶与外国之间进行交流、贸易时所不得不需要的"洋奴买办"①；他们破坏外国人修筑的铁路，捣毁教堂并杀死那些被认为是妖魔的传教士和修女，在这样一个民智完全封闭、缺乏现代文明的国度，指望任何一个非传统的事业能够获得顺利而迅速的发展都是困难的。不过，人们终究对洋务运动的种种缺陷有了认识，中国的现代工业、实业以及商业也或慢或快发展起来。紧接着，那些敏感和富于牺牲精神的中国人开始了改变中国政治制度的努力。

---

① 作为鸦片战争的后果以及洋务运动的需要，"买办"（comprador）阶层一开始就被认为不具备道德合法性的身份，"买办"是受雇于外国在华商行（或叫"洋行"）的那些中国代理人，尽管具有中间人的色彩，在外国人与中国人的生意中具有协调、沟通和化解矛盾的桥梁作用，但是由于利益上的关联性，基本上代表着雇佣机构或委托机构的立场。考虑到"买办"这个角色在现实中的复杂性，"买办"的身份特征不限于经济，而总是与文化和政治发生关联。不过，在民族实业和民族资本的发展中，买办阶层起到了事实上的助推作用，并参与了最早中国资本主义的发展。不少买办也是洋务运动企业的股东，例如郑观应对上海电报总局的投资。需要提醒的是，买办在政治立场、思想倾向与文化教养方面，因个人的知识背景、出身和具体的经历不同而存在着差异。

VIII

大多数中国人认为自己是世界的中心，中国之外皆蛮夷之地的极端顽固的观念被一次次与西方"蛮夷"的战争所否定和教训，强烈的震惊与愤怒很容易像火山一样骤然爆发。在 1894 年 7 月开始到次年 4 月结束的中日甲午战争中，曾经作为纳贡藩属国的日本在海上击沉了中国军舰，这次战争似乎只有北洋舰队参与，在广东和福建的舰队因为保存实力没有参战，北洋海军全军覆没，大连与旅顺的炮台因日军的占领而失去作用。[1] 大多数历史学家将这场因中日甲午战争导致签署的《马关条约》（1895 年）视为洋务运动或者自强新政失败的标志。实际上，之前中国因对越南（安南）的藩属控制权而与法国进行了战争（1883—1885），并在战争与随后的谈判中失利；1885 年缅甸在英国的怂恿下摆脱对中国的藩

———————————

① 清政府于 1875 年开始兴办海军，1885 年 10 月 12 日设海军衙门。北洋舰队共有兵船 22 艘，在海军事业的建设过程中，事实上受到慈禧颐和园工程挪用巨额款项的影响。

属地位而独立。这些已经充分呈现出由历史形成的制度性衰弱没有因为洋务运动而得到制止。的确，经历了数十年的努力在与列强博弈和战争中没有收获胜利，在不少旁观者看来，清政府已经不可救药，就像海关总税务司赫德① 在甲午战争爆发前几个月对丁韪良说过的："恐怕我们是在修补一把已经开裂的水壶。"② 李鸿章于次年2月赴日媾和，4月签署了包含朝鲜独立、向日本"赔款"（白银2亿两）、"割地"（台湾岛及其附属岛屿、澎湖列岛、辽东半岛)以及开放重庆、苏州、杭州等中国城市作为商埠，并且，日本人被允许在中国设厂等条款的《马关条约》。普遍的震惊加上一次次失败叠加在心里的悲痛与耻辱感③，最终导致603名书生上奏《万言书》给光绪皇帝，呼吁政府"拒和""迁都""再战"和"变法"，

---

① 赫德（Robert Hart，1835—1911），爱尔兰人。1863年担任清政府海关总税务司，直至1908年。洋务运动之前，清朝海关弊端不穷，赫德上任之后完善税务章程，雇佣欧美职员，严加管理。在赫德任职期间，税收逐年增加，达年两千万两。对英法赔款、城市地方借款（上海、广州、福建）以及左宗棠的西征，都曾代为支付、偿还以及担保，在洋务运动时期起到重要作用。

② 参见[美]丁韪良《花甲忆记——一位美国传教士眼中的晚清帝国》，沈弘等译，第278页。

③ 吴玉章（1878—1966）回忆说："我还记得甲午战败的消息传到我家乡的时候，我和我的二哥（吴永锟）曾经痛哭不止……我们当时悲痛之深，实非言语所能表述。"（吴玉章：《辛亥革命》，人民出版社，1974年，第32—33页）

史称"公车上书"①。

领衔签字的康有为这年 37 岁，这位自信通过自己的聪明才智与激情可以改变历史的年轻人从一个没有任何显赫地位的书生以最快的效率通过八次上书（第一次上书是 30 岁）接近了其实没有实权的光绪皇帝，并取得了后者的充分信任。尽管康有为通过自己的著述（《新学伪经考》《孔子改制考》）、讲学（在广州设立万木草堂）赢得影响力和不少追随者（最著名的有参与变法的梁启超、谭嗣同 [1865—1898]），但是，他在政治操作意识方面存在着让人震惊的无知：他知道年轻的皇帝后面的慈禧太后才是真正的掌权者，可是他的言行表明他对此缺乏操作层面上的足够重视；他制定了改革变法的具体措施，可是却完全没有推动实施的策略与经验；他安排了自己的学生和同党进入了政府重要机关，可是对庞大且具有历史积淀的政府机构的运行却知之甚少；他了解自鸦片战争以来人们对变革的普遍热情和已经发生的变化（例如自强

---

① 《史记·东方朔传》："朔初入长安，至公车上书，凡用三千奏牍。""公车"是汉代负责接待臣民上书和征召的官署名，以后也指举人进京应试。原指入京请愿或上书言事，也特指入京会试的人上书言事。汉制规定，普通人向当权者上书言事，经常被重用。1894 年，中国在甲午战争败于日本。1895 年春，乙未科进士在北京考完会试，等待发榜。《马关条约》签订的消息传来使在北京的应试举人群情激愤。4 月 22 日，康有为写成一万八千字的《上今上皇帝书》，十八省举人响应，603 人联署，于 5 月 2 日与数千市民聚集都察院门前请代奏。

新政），可是，却严重地忽视了人们观念受所述位置影响，改变需要循序渐进，总之，这个年轻时就自认为天降大任于己的人虽然清楚地知道中国已处于深重的空前危机中，却因自己不符合实际的理想主义而最终没有获得政治上的成功。

康有为少年时期的老师是崇信宋明理学的康赞修（1806—1877）、朱次琦（1807—1881），这种背景导致他对汉学家们的烦琐考据缺乏兴趣，而希望自己能够具有独立而新颖的见解。之后，他对"仅言孔子修己之学，不明孔子救世之学"的理学也放弃了，这表明了康有为的内在思想基因——希望改变。据说康有为在饱读古代经典著作之后，一天在静坐时突然醒悟：必须关注经世致用之学。顾炎武的《天下郡国利病书》、顾祖禹（1631—1692）的《读史方舆纪要》等书并不让他满足，他开始阅读西方著作。1882年（光绪八年），康有为在北京参加会试，回归路经上海，强烈地感受到了西方文化的影响与弥漫，他通过阅读对资本主义制度有了认识，内心有了变法的思想。

康有为在学术上具备策略，他的《新学伪经考》和《孔子改制考》两部著作都是基于尊孔，这样容易让人理解他的思想并获得思想来源的合法性。不过，《新学伪经考》把人们历来认为不可质疑的经典宣布为伪造；《孔子改制考》把稳重而保守的孔子说成是改革的行动主义者，将民主思想、平等观念纳入孔子的意思，这让人们大吃一惊。了解康有为的人知道，这是他在为变法做思想理论上的准备。康有为数次上书，最后赢得光绪皇帝于1898年6月16日在颐和园勤政殿召见，光绪任命他为总理衙门章京，筹备变法。康有为在政治、经济、军事、文教方面提出的改革建议包括拟定宪法、开制度局、禁止妇女缠足、裁冗官、置散卿、废漕运、撤厘金、裁绿营、放旗兵、废八股、改书院、废淫祠、保护工商业、重练海陆军、废科举、办新学等。100多天里，数十条涉及改革的法令虽然向全国陆续颁布，但是，各级官员并没有去实施和执行，他们知道，光绪作为皇帝空有其名。慈禧太后一开始表示同意变法，她以为不过是制定一些措施尽量避免之前出现的屈辱与失败，儒家道统和自己控制的权力体系不应该有任何改变。可是，她发现颁布的各个法令远远超出了她的想象，意识到自己的权力将受到剥夺——那正是康有为计划中的一部分，这样，维新变法很快就转变为宫廷内部的权力斗争。光绪和康有为没有争取到袁世凯的支持，相反，袁世凯将秘密告诉了慈禧的心腹军机大臣荣禄，一场逮捕与追杀的军事行动结束了变法：光绪被软禁，康有为、梁启超逃离去了日本，维新事业安排在军机处的四个改革成员谭嗣同、林旭（1875—1898）、杨锐（1857—1898）、刘光第（1859—

1898），加上监察御史杨深秀（1849—1898）、康的弟弟康广仁（1867——1898）被处决——他们六人被称为"戊戌六君子"，清政府内外再次笼罩着恐怖与肃杀的气氛。

朝廷在政变后更加趋于小心谨慎，并且以不动脑筋的政策处理各种对外与对内的问题与威胁：倾向于改革的汉人官员在政府中的位置被唯太后是从的满族人所占据，对列强的种种要求也不给予冷静思考而仅仅是以缺乏策略的声音回绝[①]，社会各种问题凸显：外国商品的涌入并在不平等的关税的作用下，导致本土同类产品受到严重冲击[②]；新的交通工具铁路不仅导致失业与流动人口的增加，加剧了大街小巷里的不安宁状况，且使得原来依靠运河交通保持的沿岸经济繁荣不再出现；当然，官方口吻、事实上与外国商人合作的买办，以及因生计原因进入教会的并不属于虔诚教徒的下层人的言行方式，都刺激着民众对外国人尤其是传教士产生普遍的不满，这样的局面为那些本来就存在着的不安分的盲目力量提供了机会。随着清

---

① 1899 年 2 月，针对意大利要求割让浙江三门湾，太后命令毫不犹豫必须击退意大利人登陆，这一仗取得了胜利，这使得慈禧认为这样的方法似乎足以改变被动的局面，以致在次月 21 日，她干脆训令各省当局不必与外国列强媾和。

② 一个有关天津、烟台和胶州的数据统计显示：1894 年输入的洋纱为 18 万多担，到 1898 年已增至 50 万担，4 年里增加了约 178%，这样的情况对原来华北农村的家庭手工业产生了严重的影响。（见彭泽编《中国近代手工业史资料（1840—1949）》第二卷，生活·读书·新知三联书店，1957 年，第 198 页）

政府在战争中的失败和赔款，民众对西方人的仇恨与日俱增，这种情绪到 19 世纪最后两年达到高峰。因此，随贸易公司的商船甚至军舰到达中国的传教士被视为入侵者的帮凶，而那些逐渐了解世界的人希望民众分清是非的努力也很难奏效。仇恨在弥漫，盲目的愚昧力量很容易被人利用，并渐渐形成具有极大的破坏性的力量。总之，经济上包括漕运的衰败加上自然灾害对农业的影响，构成了华北的山东和河北一带义和团事件的爆发。义和团最初是 18 世纪末开始在山东、河北一带活动的民间秘密会社；与太平天国不同，义和团最初叫义和拳，不过是四处练习拳术的团体的统称，例如梅花拳、神拳或大刀会，毫无明确纲领；有些地方还通过设立神坛、画符请神这类巫术秘密聚众，入团练习"刀枪不入"是大量参与者兴趣的焦点。义和拳一开始反对满族人的统治，故有"反清复明"口号，遭清政府镇压。1898 年 6 月，山东巡抚张汝梅上奏朝廷，建议将义和拳改称"义和团"。 1899 年，毓贤出任山东巡抚，提出"民可用，团应抚，匪必剿"，义和团成为清政府安抚的对象，首领们利用民间普遍对洋人不满的情绪，将口号由"反清复明"改成"扶清灭洋"。因此，清政府不仅不再禁止这个扰乱社会的组织，相反，决定给予暗中的支持。1900 年 1 月 12 日，清政府颁布诏令：民间凡是因为自卫和保护村庄而练兵发展武装的人，不应该视为土匪。这赋予了那些人合法性。清政府是如此相信义和团振振有词的"刀枪不入"巫术，以致大量的政府军队也参与到这种巫术般的练武之中，他们指望以此能够战胜列强的枪炮。很快，义和团开始了肆无忌惮的破坏活动，例如毁坏铁路和拆除公共电线，他们对现代文明表现出不可理喻的反感。3月，义和团似乎还与清军有过激烈冲突，后者招架不住，引领义和团首领进入四处贴有迎合义和团和仇视洋人的标语的天津。6月初，义和团进入北京，他们持刀游市，焚烧教堂及关联设施，他们之所以对传教士如此憎恨，是因为他们认为正是这些"洋鬼子"改变了中国人的灵魂，从精神上奴役他们，以方便西方人在经济和政治上压迫他们，所以，教堂和与教堂有关联的医院和学校是义和团首先攻击的对象，他们甚至扒开传教士的墓地（包括利玛窦、汤若望、南怀仁的墓地），仅仅从6月13日到15日，有13座教堂、7所学校、7家医院和33栋与外国人有关的房屋化为灰烬。在清政府怂恿下，"刀枪不入"者的行为全面失控。之前，当外国使节发现现时的政府核心位置都是由仇视外国人的官员占据时，他们就对清政府承诺的保护不再抱有希望，5月底，各国军舰共计近四十艘已经集结在大沽口；6月10日，由英国海军上将西摩尔（Seymour，1840—1929）统领的英、美、俄、法、意、日、德、奥八国联军向北京挺进；17 日，大沽炮台沦陷。6 月中旬，清政府有一次会议，讨论该如何是好。慈禧打断了谨慎的意见（太常寺卿袁昶告诉与会者义和团的刀枪不入并不真实），带着义正词严的腔调要求继续招募拳民加强清军队伍，她干脆通知各国使节：不准动武，否则回到自己的国土去。21 日，清政府正式宣布对列强宣战。在混乱与危机中，两个因素促使了义和团事件的迅速结束：一方面，东南部的地方官员例如李鸿章、刘坤一、张之洞以及袁世凯没有执行朝廷的命令，他们更封锁了关于组织拳民推进战争的信息，阻止了事件的进一步蔓延；另一方面，西方列强的军舰、武器以及军队的力量势不可当。最终，联军于 8 月 14 日攻入北京，公使馆获得解救，之前强硬的官员裕禄（约 1844—1900）和李秉衡（1830—1900）自杀，太后强拉着光绪皇帝逃离北京，经过几个月的颠沛流离到了西安。义和团事件到此结束，其间，联军进京之后的抢劫、焚烧、屠杀所导致的破坏同样触目惊心。俄国记者有这样的记录：

> 帝王的伟大京都一半已被破坏和焚毁，已被蹂躏糟蹋得不像样子了，简直像一切都死绝了一样。使馆街两旁残存着一垛垛废墟，一堆堆石头，灰烬、垃圾和脏物遍地皆是。中国人的尸体，一个挨一个地杂陈在马路上，

到处乱丢着各种各样的东西。

法国兵焚烧了北堂周围的房屋和商店。烧焦的尸体暴露在废墟、瓦砾和灰烬堆里。被枪杀和刺死的中国人，一堆一堆地陈尸在大街上。被击毙的不只是中国兵，还有被中国教民告发的全部肇事者。[①]

现在，慈禧太后又一次想到了李鸿章，李在甲午战争中的失败导致他被解职，危急关头再次被任命为直隶总督兼北洋通商大臣，与外国人进行谈判。经过了一年多与列强的谈判以及列强之间的关联交易，1901 年 9 月 17 日，李代表清政府签署了由 12 个条款和 19 项附属条款构成的《辛丑条约》，条约规定了处死一批清政府官员（包括地方官员），分 39 年还清的巨额赔款 [②]，向德国和日本道歉，禁止中国进口武器，允许建立永久性的公使馆卫队等影响中国主权的条款。联军

---

① ［俄］德米特里·扬契维茨基：《八国联军目击记》，许崇信等译，福建人民出版社，1983 年，第 335—338 页。

② 条约规定的赔款是 4.5 亿两白银，相当于当时的 3.3 亿美元的赔款，再加上 39 年每年 4% 的利息，总数为 982 238 150 两白银。由于支付方式必须是外币而不是白银，这又额外增加了每年兑换外币的费用。不过，在之后的执行中，美国于 1908 年退还给中国 10 785 286 美元；1924 年，美国放弃了赔款的其余部分。退款被用于中国学生在美国的教育。其他国家也有相继赦免：英国，1922 年；俄国，1924 年；法国，1925 年；意大利，1925 年和 1933 年；比利时，1928 年；荷兰，1933 年。

于当天撤出北京。

作为清政府的外交官，李鸿章签署了这份条约，承担了签署《辛丑条约》的直接责任，基于条款的丧权辱国，加上之前《马关条约》的签署，李鸿章背下了"卖国贼"的骂名，时至今日余音不断。不过，早在李鸿章去世两个月后，梁启超就很冷静地提醒：

> 想要对李鸿章这个人做出评价，就要对李鸿章所处的国家和他所生活的时代这两方面进行深刻的理解。
> 一是李鸿章所处的国家是一个数千年的皇权专制国家，他又恰好赶上这种政体已经成熟，其专制程度达到极点的时代。
> 二是李鸿章所处的国家是满族人统治的汉族国家，而且他又赶上满汉杂居多年，汉人的权利开始逐渐恢复的时代。[①]

后人将中国的失败常常归结为像李鸿章这样的清朝大臣的"卖国"。但是，冷静的历史学家讨论着究竟是什么原因使得曾经是朝贡国的日本打败了作为宗主国的中国。与中国

[①] 梁启超：《李鸿章传》，雾满拦江译，湖南人民出版社，2018年，第11页。

的遭遇相似，19世纪的日本同样面临如何应对西方扩张的问题。大致也是第二次鸦片战争的前夕，即1853年，美国海军准将马修·佩里（Matthew Calbraith Perry，1794—1858）的战舰抵达日本意味着西方的威胁正式来临，对此，日本给予了明确与迅速的反应——也许中国在两次鸦片战争中的失败成为日本人汲取经验的镜子。1868年推翻德川幕府的"明治维新"被历史学家们普遍视为日本的一个历史性的标志，因为之后的日本人以积极和果断的方式加速向西方学习——引进科技、发展工业、建立新的军队，日本人甚至在保留自己的传统的情况下也尽可能学习西方的文化与艺术乃至在人文历史学科领域的知识汲取[①]，在向西方学习方面，日本完全没

---

① 我在《20世纪中国艺术史》里讨论中国传统书画艺术在20世纪初的状况时做了这样的介绍：

日本在明治维新之后就率先开始了通过西方史学思想的引进后而进行史学研究领域的革命。这样，在看待历史与文明的转变时，新的史学态度本身就构成了对文化与艺术问题的重新认识。日本人对《法国革命史》（米涅）、《欧洲文明史》（基佐）以及《英国文明史》（博克尔）这类历史著作译了又翻译，当日本政府委派官到欧洲考察带回了泽尔福的《历史科学》这样的著作时，日本史学界已经展开了全面的史学革命。自然，这个时期的日本留学生已经熟悉了法国的文明史学、德国的实证主义和法国孔德的社会学。所以，出现中村不折、小鹿青云的《支那绘画史》（1913年）这样的史学分支著作丝毫不让人奇怪。在相当长的一段时间里，还没有谁像日本学者那样能够利用西方的思想与观念对中国过去的绘画作冷静而系统的解释，这多少与文学领域对"国故"的重新整理形成了对比。（吕澎：《20世纪中国艺术史》，北京大学出版社，2006年，第107页）

有像中国那样表现出犹豫与折扣——例如"中学为体"这样的边界。更为重要的是，1889 年，明治政府通过了宪法，日本国民的整体自我认同对国力与精神给予了决定性的支持。这一切，实际推动着日本的发展，日本通过 1871 年 9 月的一份条约确立了主权国家的地位，开始与中国平起平坐。在清政府里的士大夫还在为是否因学习西方有可能失去老祖宗的传统焦虑不堪的时候，日本迅速发展自己的势力，例如于 1879 年将清政府认为理所应当的藩属岛国琉球纳入自己的统治范围；改名为"冲绳县"。这个迅猛的势态一直发展到对朝鲜的关系处理，日本越发敢于与中国就朝鲜内部问题而发生尖锐的冲突与争执，直至 1894 年最终与中国爆发直接的对抗。事实是，无论是在平壤的陆上战争，还是之后海上的较量，中国军队都表现出无力与溃败，在双方之间残酷而血腥的战争之后，中国被迫签署了《马关条约》。

　　另一方面，甲午战争之前，西方列强虽然有对中国各种利益的觊觎，但对中国的政治和军事力量还没有最后的判定，何况他们还忙于非洲的瓜分。然而《马关条约》的签署，让他们看到了中国的虚弱与无能，瓜分中国的行动开始肆无忌惮地展开。例如俄、德、法就借为了真正落实朝鲜独立的理

由 ①，要求日本退还辽东半岛，以便借中国对日本的憎恨实现各自的利益。为了抵御日本对中国和朝鲜之后可能的进攻，李鸿章希望能够获得俄国的帮助，故于 1896 年 6 月 3 日与俄国签署《中俄密约》，把中东铁路——西伯利亚大铁路穿过中国领土直达海参崴——修筑特权给了俄国，俄国通过保证共同对日的承诺实际上把中国东北区域变成了俄国的势力范围。跟着，德国因为山东曹州教案（1897 年），派军队占领青岛，又强行租借胶州湾和青岛，包括在山东修筑铁路和开矿的权利。之后，俄国又借维护华北势力均衡，租借旅顺和大连。紧接着英国租借威海卫和新界，以长江流域为其势力范围；法国强租广州湾并将广东、广西和云南划为其势力范围。列强对中国的放肆瓜分在美国 1900 年 7 月 3 日发表"门户开放"第二份宣言后有所减缓——因为美国提醒了各国要保护中国领土和主权的完整。在这样一个列强瓜分中国、清政府已经腐败不堪的时期，李鸿章的作为效力可以想象。梁启超

---

① 明清之际，朝鲜是中国的重要朝贡国。1876 年 2 月 24 日，日朝签署《江华条约》，日本承认朝鲜为独立之邦，享有与日本平等之权利，中国对此没有抗议，结果，中国的宗主国地位失去了唯一性，而日本开始对朝鲜有了持续而逐渐明显的影响。1885 年 4 月 18 日，中日签署天津会议文件，条款的内容实际上使朝鲜有了中国和日本两个国家的保护权，中国失去唯一宗主国地位。直至《马关条约》规定：清政府承认朝鲜国独立，不再向中国朝贡，中国彻底失去对朝鲜的宗主权。

让那些缺乏历史理解力的人不妨换位思考一下：在1895年2—3月份、1900年8—9月份，假如把批评的人放在李鸿章的位置上，那么他的行为、决定、处理方法当真能比李鸿章强吗？

一段于1895年用英文记录的李鸿章与伊藤博文（1841—1909）之间的对话能够让人感慨身处那个时代能干人的无奈：

> 李鸿章：中日是最近的邻邦，而且使用同一种文字，怎么能够成为敌人呢？我们应建立永久的和平与协作，不使我们亚洲黄种人受到欧洲白种人的侵略。
>
> 伊藤博文：10年前我告诉过你，要改革。怎么到现在还没有一点变化或改革？
>
> 李鸿章：我国的事样样都囿于传统，我不能按我希望的事去做，我希望的过分了，而没有实行的能力，自己深以为耻。①

钱穆（1895—1990）讨论清朝的政治制度时这样说：

> 它所有的制度，都是根据着明代，而在明代的制度

---

① 转引自［美］费正清（John King Fairbank）《伟大的中国革命》，刘尊棋译，第147页。

里，再加上他们许多的私心。这种私心，可说是一种"部族政权"的私心。一切由满族部族的私心出发，所以全只有法术，更不见制度。

……

譬如蒙古人满洲人跑进中国，也不是元清两代每一个皇帝个人能掌握整个政权的。在此两代，其政权之后面，有蒙古满洲全体部族在拥护此政权。于是蒙古人满洲人便是此一政权中之特殊阶级或者特殊分子了。此种政权，我们则称之为部族政权。不论蒙古也好，满洲也好，他们都想拿一个部族来控制政府，掌握政权。这种政权，当然是私心的，所以这一种政权下之一切措施，便不好算是政治制度，而只好算是一种法术，一种控制此政权之手段。[1]

正是这样的政权——由特权即利益集团阶层构成的政权，使得汉族官员不过是满族人可以随时更换的工具，任何改变与变法如果能够实施，也是基于维护与巩固满族统治，维护部族利益这样的前提，满汉之间的矛盾顺着国运的衰落而加

---

[1] 钱穆：《中国历代政治得失》，生活·读书·新知三联书店，2018年，第144、146页。

剧，这意味着这时的中国缺乏像明治维新之后日本所取得的政府和人民之间具有共同意志的民族主义。当然，统治者思想顽固保守、政治本身落后衰败、经济衰落一蹶不振、官僚队伍层层腐败，这些都注定了清朝将走向灭亡。

按照20世纪早期历史学家蒋廷黻在1936年的看法，"倘使同治、光绪年间的改革移到道光、咸丰年间，我们的近代化就要比日本早二十年。远东的近代史就要完全变更面目。可惜道光、咸丰年间的人没有领受军事失败的教训，战后与战前完全一样，麻木不仁，妄自尊大。直到咸丰末年，英、法联军攻进了北京，然后有少数人觉悟了，知道非学西洋不可"[1]。然而，由于制度导致的思想的封闭性，清政府不仅完全没有理性判断国家面临的诸种问题的政治思想基础，而且儒家经典的精髓已经在成千上万的注疏和诠释中丧失殆尽。19世纪70年代，西方人对中国知识分子的知识结构是这样评价的：

在大清国，士，或称知识分子，通常都非常仇恨外国人。他们反对电报、铁路以及一切新鲜的东西。他们阅读的经典著作是孔夫子时代创作的，世界历史或人类

---

[1] 蒋廷黻：《中国近代史大纲》，东方出版社，1996年，第16页。

思想、智慧的发展史，以及所有事物发展和学问的来源之一切最本质的东西，就在那个时刻停顿下来。从那以后，华人就一直在不断地咀嚼着那几块干骨头，并且，如果有任何其他知识的小舟敢于向他们靠近的话，他们就会咆哮不止。

……

在 19 世纪的大清国，要让一个男人成为其他男人的统治者，其所需的全部学识仅仅就是那些经典著作而已。[①]

上天给任何民族都会提供这样的人，他们从日常生活中能够注意到问题，在不同的事件中感知到危机，在种种冲突里意识到民族或国家危亡在即，他们本能地倾向于号召与改变，并凭借自己的知识、理想与智慧去改变历史。当然，后来的人们在评价历史人物的时候总是会从不同的角度寻找自己的论据，以说明其结论的睿智。实际上，人们谈论与历史事件相关的历史人物时不会过多地涉及他们的道德品行与私心或者人格上的瑕疵，甚至不会过多关注个人的贪婪程度——例如 1896 年缔结《中俄密约》之后，李鸿章被认为收受 600

---

① "令人恐怖的考试制度"，《纽约时报》1875 年 7 月 6 日。

万卢布的私人赠款。其实，只有问题以及与问题相关的人、事件和产生的结果，才构成了模糊或者清晰的历史故事。从鸦片战争期间的林则徐、琦善、战死的军事将领们以及众多的参与者，到洋务运动的曾国藩、李鸿章、左宗棠，包括满族人中的激进官员，人们不是在酒后茶余就是在严肃的讨论会上数落着他们的所做的事与人格品行，包括他们的狭隘与局限或者没有起到根本作用的美德。

　　新的蛹出自之前的茧，如果它遭遇的是另一个环境，变异仍然是绝对的。例如徐寿的儿子徐建寅（1845—1901），尽管开始也与他的父亲一样在安庆内军械所工作过，对硝酸研制非常着迷，可是，当他去欧洲购买舰船——他是"镇远"与"定远"战舰的订造者——和访问议院、观察时政后，便有了不限于技术与军事的政治变革的主张。李鸿章的助手薛福成（1838—1894）当然可以被视为洋务运动中的一员，可是，在1890年访问欧洲之后，他的"取西人器数之学"以为儒家道统服务的观念就开始向"今之英、意诸国君民共主之政"的方向转变，这显然已经超越了他服务的主人"雪大耻、尊国体"的思想。变化是肯定的，只是看上去速度太慢，以致应付不了野蛮的入侵。这也许是中国传统文化的游戏规则：一个不了解中国文化与传统的人在观看宋、元、明、清的山水画时，也许很难看出差异与所以然，不过是黑白的轻重和在画面所占空间的多少，偶尔有些淡淡的色彩，上千年来不同朝代的山水画似乎没有什么不同。这种观看的方法与结论也许是文明的差异和角度不同的结果，但另一种视觉可能会得出这样的结论，中国人自己熟悉的变化与差异乃至复杂而精致的趣味，终究没有跑出传统文明（也许可以表述为"中华秩序"）的窠臼。

1901 年 5 月 4 日，在北京使馆区，法国将军为联军司令部组织了一个节日庆典，邀请了联军以及清政府官员参加。作为一名作家，参与执行八国联军任务的法国军官绿蒂（Pierre Loti，1850—1923）在他的《北京的陷落》里记录了这天晚上的活动，其中有一段情景描述具有一种旧世纪结束，新世纪已经匆匆到来所具有的难以言说的复杂意蕴：

> 晚 8 点，五月漫长的黄昏已经走到尽头，夜色快要降临，团城广场上到处都点亮了奇怪的灯笼，其质地有玻璃的，也有透明纸的，挂在古松枝条上，缀着珍珠链子，形状有的像莲花，有的像鸟。我曾熟悉的那个死气沉沉、悲伤忧郁的地方，今晚变得生机勃勃、灯火辉煌。在美妙、明亮的背景下，已经有来来往往、身着节日盛装的人群。

其中有欧洲各国的军官，也有身着华丽满族长袍、头戴孔雀翎毛官帽的中国人。顶棚底下，已经摆好了一张可容纳70人的大桌，用来招待风格迥异的四方来客。

这些客人带着随从，或骑马，或乘车，或乘坐人力三轮，或乘八抬大轿，从北京的四面八方赶来。一旦有重要人物出现在下面的镀金彩色拱门，我们的军乐团立刻就为他们奏响本国国歌。俄罗斯国歌奏完，立刻奏德国国歌，然后是日本的《君之代》。突然，中国乐曲响起，随从郑重其事地递上一张红色名片，原来是李鸿章到了。随后，又有同样的名片递上，北京城的司法长官、太后的特使相继到来。来参加这个节日的中国贵族们，统统坐着华丽的轿子，带着骑兵护卫，目光严肃，一脸庄重地走进门，身后跟着众多身着绫罗绸缎的侍从。这些人参加我们的晚会，简直是破坏气氛！然而，马尔尚上校在征得将军的同意后，把邀请这些人变为一种荣誉。西方军人制服中混杂了不少清朝官服和珊瑚珠扣的尖顶官帽。在这个曾经遭受践踏的皇城中，在这个外族人的盛会上，他们的出现显得与周围的环境格格不入。

酒宴由于这些客人的到来变得稀奇古怪，可谓闻所未闻。他们的脚下，铺着似乎是金丝绒的厚厚的皇家地毯；硕大的景泰蓝花瓶中插着一束束鲜花。这些宫廷储备品，今天晚上全都被搬了出来。瓦德西将军[1]和法国将军夫人坐在主宾席，其次是两位红衣主教，然后是联军七国的军官，接下来是几位打扮亮丽的女士，最下方坐着中国的贵族。他们穿着镶有金边的华丽服饰，孔雀翎的官帽半遮着脸，显得神秘莫测。

这场离奇怪诞、气氛尴尬甚至是亵渎神灵的晚宴即将结束时，珍贵花瓶中的玫瑰已沮丧地垂下了头。马尔尚上校举起香槟，作为祝酒词的结束语，对中国贵族说道："各位的光临足以证明，我们并不是来向中国发动战争的，而仅仅是为了赶走邪教。"

这时，曾经是太平天国疯狂信徒的太后的特使站起来，用典型的远东顺从方式，端起酒杯，脸上没有一丝表情地说道："我谨代表皇帝陛下感谢各位欧洲将军，感谢各位在我国经历的前所未有的艰难时期来助朝廷一臂之力。"

惊讶引起一阵短暂的沉默，然后大家举杯共饮。

……

---

[1] 瓦德西（Alfred Graf Von Waldersee, 1832—1904），德国政治家与军事家，八国联军统帅。

绿蒂最后写道：

> 这个晚会似乎不可挽回地加速了北京城的崩溃，一个世界的崩溃。不管将发生什么事，即便是那座惊人的亚洲宫殿①还会重现——而这是不可能的——北京也永远地崩溃了，它的珍贵遗迹已被破坏，它的神秘面纱已被揭开。
>
> ……

绿蒂最后的一段话可以看成是一百多年前马戛尔尼的一段话的重复表述：

> 她（"中华帝国"这艘战舰——引者注）也许会像残骸一样漂流一段时间，然后触岸撞个粉碎，但她永远不能在旧基础上重建了。②

---

① 被毁坏的圆明园。
② ［法］绿蒂：《北京的陷落》，刘和平等译，山东友谊出版社，2005年，第176—180页。

图书在版编目（CIP）数据

中华帝国的轮廓：从秦汉时期到戊戌维新／吕澎著. —
桂林：广西师范大学出版社，2022.5
　ISBN 978 - 7 - 5598 - 4752 - 2

　Ⅰ. ①中… Ⅱ. ①吕… Ⅲ. ①中国历史 - 研究 Ⅳ. ①K207

中国版本图书馆 CIP 数据核字（2022）第 025831 号

中华帝国的轮廓：从秦汉时期到戊戌维新
ZHONGHUA DIGUO DE LUNKUO：CONG QINHAN SHIQI DAO WUXU WEIXIN

出 品 人：刘广汉
责任编辑：刘孝霞
助理编辑：吕解颐
装帧设计：简　枫
广西师范大学出版社出版发行

（广西桂林市五里店路 9 号　　　邮政编码：541004）
（网址：http：//www.bbtpress.com　　　　　　　　　　）
出版人：黄轩庄
全国新华书店经销
销售热线：021 - 65200318　021 - 31260822 - 898
山东临沂新华印刷物流集团有限责任公司印刷
（临沂高新技术产业开发区新华路 1 号　邮政编码：276017）
开本：787mm×1 092mm　　1/32
印张：5.25　　　　　　　字数：90 千字
2022 年 5 月第 1 版　　　2022 年 5 月第 1 次印刷
定价：58.00 元